Volver

dir. Pedro Almodóvar

José Antonio García Sánchez and Tony Weston

HODDER
EDUCATION
AN HACHETTE UK COMPANY

The Publishers would like to thank the following for permission to reproduce copyright material.

Photo credits

p.18 AF Archive/Alamy; **p.20** Photos 12/Alamy; **p.24** AF Archive/Alamy; **p.25** AF Archive/Alamy; **p.28** AF Archive/Alamy; **p.34** ImageBROKER/Alamy; **p.37** AF Archive/Alamy; **p.40** Moviestore Collection Ltd/Alamy; **p.45** Moviestore Collection Ltd/Alamy; **p.46** AF Archive/Alamy; **p.47** AF Archive/Alamy; **p.48** AF Archive/Alamy; **p.49** ZUMA Press, Inc./Alamy; **p.50** AF Archive/Alamy; **p.56** AF Archive/Alamy; **p.58** AF Archive/Alamy; **p.59** ZUMA Press, Inc./Alamy

Every effort has been made to trace all copyright holders, but if any have been inadvertently overlooked, the Publishers will be pleased to make the necessary arrangements at the first opportunity.

Although every effort has been made to ensure that website addresses are correct at time of going to press, Hodder Education cannot be held responsible for the content of any website mentioned in this book. It is sometimes possible to find a relocated web page by typing in the address of the home page for a website in the URL window of your browser.

Hachette UK's policy is to use papers that are natural, renewable and recyclable products and made from wood grown in well-managed forests and other controlled sources. The logging and manufacturing processes are expected to conform to the environmental regulations of the country of origin.

Orders: please contact Hachette UK Distribution, Hely Hutchinson Centre, Milton Road, Didcot, Oxfordshire, OX11 7HH. Telephone: (44) 01235 827827. Email education@hachette.co.uk Lines are open from 9 a.m. to 5 p.m., Monday to Friday. You can also order through our website: www.hoddereducation.co.uk

ISBN: 978 1 4718 9178 6

© José Antonio García Sánchez and Tony Weston 2017

First published in 2017 by

Hodder Education,
An Hachette UK Company
Carmelite House
50 Victoria Embankment
London EC4Y 0DZ

www.hoddereducation.co.uk

Impression number 10

Year   2022

Cover photo © Flair Images / Thinkstock / Getty Images

Typeset in India

Printed in Dubai

A catalogue record for this title is available from the British Library.

Contents

This guide is designed to help you to develop your understanding and critical appreciation of the concepts and issues raised in *Volver*, as well as your language skills, fully preparing you for your Paper 2 exam. It will help you when you are studying the film for the first time and also during your revision.

A mix of Spanish and English is used throughout the guide to ensure you learn key vocabulary and structures that you will need for your essay, while also allowing you to develop a deep understanding of the work.

The following features have been used throughout this guide to help build your language skills and focus your understanding of the film:

Activity

A mix of activities is found throughout the book to test your knowledge of the work and to develop your vocabulary and grammar. Longer writing tasks will help prepare you for your exam.

Build critical skills

These offer an opportunity to consider some more challenging questions. They are designed to encourage deeper thinking and analysis to take you beyond what happens in the film to explore why the director has used particular techniques, and the effects they have on you. These analytical and critical skills are essential for success in AO4 in the exam.

GRADE BOOSTER

These top tips advise you on what to do, as well as what not to do, to maximise your chances of success in the examination.

Answers

Answers to every activity, task, and critical skills question can be found online at **www.hoddereducation.co.uk/mfl-study-guide-answers**.

estrenarse to be released

Key vocabulary is highlighted and translated. Make sure you know these words so you can write an essay with accurate language and a wide range of vocabulary, which is essential to receive the top mark for AO3.

TASK

Short tasks are included throughout the book to test your knowledge of the film. These require short written answers.

Key quotation

These are highlighted as they may be useful supporting evidence in your essay.

1 Synopsis

Volver is a multi-award winning drama film by acclaimed Spanish director Pedro Almodóvar. Meaning 'to come back', the title of the film has multiple interpretations. In the story itself, circumstances conspire in such a way that two sisters must return to their hometown from Madrid and revisit the past in an attempt to confront unresolved family matters. More broadly, the title represents a return to an emphasis on strong women by a director for whom such characters have become a hallmark. It is also a revisiting of the cinematic genre of melodrama, and a meditation on the director's own childhood growing up in Castilla-La Mancha.

The film begins in a cemetery with two sisters — Raimunda and Soledad (Sole) — cleaning the tombstone of their parents, alongside Raimunda's teenage daughter, Paula. All three then visit Aunt Paula, an elderly lady who lives alone and appears to suffer from dementia, as she struggles to recognise her visitors. They also talk to her neighbour, Agustina, who looks out for Aunt Paula's welfare. We discover that Raimunda and Sole's parents died in a house fire a few years earlier.

One evening, after returning home from the airport where she works as a cleaner, Raimunda sees her daughter Paula waiting anxiously in the street. Paula confesses that she has just fatally stabbed her father, Paco, doing so in self-defence as he tried to rape her. Raimunda cleans up the blood in the house and is interrupted by a call from Sole with the news that Aunt Paula has died. Raimunda insists she cannot attend the funeral, and keeps the death of her partner a secret, explaining his disappearance as a consequence of a huge row. Soon afterwards, Raimunda's neighbour, Emilio, asks her to look after the local restaurant while he is away. Raimunda accepts the request, takes the keys and, at an opportune moment, puts Paco's corpse in a deep freeze.

The following day, a member of a film crew appears at the restaurant seeking catering while they film in the area. Raimunda does not hesitate to take up the offer, and prepares an impressive dinner for 30 people. Meanwhile, Sole attends Aunt Paula's funeral, which is a very traditional affair. There, she has a vision of Irene, her deceased mother, and Agustina explains to her that many people in this superstitious neighbourhood have also witnessed apparitions of the old lady. While driving back to Madrid, Sole realises that Irene has stowed away in the boot of her car. Irene stays in Sole's apartment, which also doubles as a salon for her hairdressing business, and works as Sole's haidressing assistant, posing as a Russian immigrant in an attempt to avoid arousing suspicion. Meanwhile, with the help of the neighbours, and Regina in particular, Raimunda hosts a successful farewell party for the film crew, and also sings an impromptu and emotional version of the tango *Volver*, which is overheard by her mother, who listens tearfully.

On her way to Madrid, Raimunda discovers that Agustina has cancer and visits her in hospital. Here, Agustina explains that she is desperate to find out why her mother went missing years earlier, and she pleads with Raimunda to ask her own mother's ghost what fate may have befallen her. Raimunda's response is both sceptical and dismissive. Later, Raimunda finally disposes of Paco's body, firstly renting a van, and then enlisting the help of local women to load the freezer into the back and then dig a hole in a remote spot near the river. Meanwhile, while staying in Sole's apartment, Paula meets her grandmother Irene and builds a strong bond with her.

The following night, Agustina visits the restaurant and reveals two secrets to Raimunda: the first being that Raimunda's father and Agustina's mother were having an affair, and the second that Agustina's mother disappeared on the same day that Raimunda's parents died in the house fire. She believes that these events must be related.

Sole confesses to Raimunda that their mother is staying in the apartment. Irene admits that she did not die in the fire, and explains it was she who started it deliberately in order to kill her husband, who, she discovered, raped their daughter Raimunda, resulting in her pregnancy and the birth of Paula. As a result of Raimunda's anger, the two tragically grew apart. Irene also explains that, after starting the fatal fire, she visited her sister Paula for a final time, intending to say goodbye and then turn herself in to the police. Due to her worsening senility, however, Aunt Paula could not recall anything of the incident and the two quickly returned to normality, assisted by the insular nature of the community they lived in, with many believing any sighting of her to be a ghostly apparition.

The film ends with the family gathered at Aunt Paula's house. Irene visits Agustina, who believes her to be a ghost, and she decides to stay and care for her in her dying days, as penitence for killing her mother in the fire. Raimunda visits the house, embraces her mother, and the two appear to be on the cusp of repairing their relationship.

2 Social and historical context

El mundo laboral

el/la protagonista principal main character

estrenarse to be released

En esta película, dos de las **protagonistas principales**, Raimunda y Sole, viven en Madrid con trabajos muy **humildes**, pero con algo más de posibilidades que en el pueblo manchego de donde son **originarias**. Raimunda es limpiadora en el aeropuerto, y Sole trabaja en su casa que transforma en una peluquería ilegal. La película **se estrenó** en 2006, y muestra cómo mucha gente de los pueblos ha emigrado a la gran ciudad para buscar una vida y trabajo mejor. A veces esto no siempre era la realidad, pero al menos se intentaba **huir** del mundo rural y de trabajar en el campo.

Madrid is a favourite location for the films of Almodóvar. Like Raimunda, the director himself moved to the capital as a young man to take advantage of the greater employment opportunities there. Nevertheless, over 80% of employment in the capital is in the service sector, primarily lower-paid positions in the hotel industry and catering. Raimunda and Sole are working-class women with modest incomes, forced to live on the outskirts to avoid the prohibitive costs of central Madrid. Consequently, the Madrid depicted in *Volver* has none of the glamour or history the viewer may expect to see from such a major city. Much of the film is located in the suburb of Vallecas, an area where, in the 1960s, many rural Spanish immigrants settled. It is a neighbourhood with a strong sense of community, which had a reputation of anti-Franco sentiment during the years of dictatorship. The area has expanded further over the last decade, with significant investment in new housing. Though their working life may be a struggle, there is an optimism and energy to the people who live here, whether immigrants from rural Spain or from abroad.

Build critical skills

Además de Raimunda y Sole, ¿qué trabajos tienen los otros personajes de la película? ¿Llegas a algunas conclusiones sobre esto?

tener lugar to take place

el barrio obrero working-class neighbourhood

transcurrir to take place, to happen

Castilla-La Mancha

Si bien parte de la acción **tiene lugar** en un **barrio obrero** a las afueras de Madrid, la otra parte **transcurre** en un pueblo de La Mancha, con el falso nombre de "Alcanfor de las Infantas", que es en realidad Almagro, en la provincia de Ciudad Real. Pedro Almodóvar es originario de Calzada de Calatrava, un pequeño pueblo típicamente manchego. Esta región es grande en tamaño, pero una de las menos **pobladas** del país, con tan solo algo más de dos millones de habitantes. Su capital es la histórica ciudad de Toledo, y la propia región se divide en cinco provincias. Se puede decir que esta parte de España es famosa por el queso manchego de fama mundial, el vino de Valdepeñas, y *Don Quijote*

→

> *de la Mancha*, el libro en español más universal escrito por Miguel de Cervantes. La economía en esta región **se sustenta** mayormente **de** la agricultura, el **ganado** y los **viñedos**, pero es también una región que produce y exporta energías renovables, en especial la **energía eólica**, lo que Almodóvar muestra cada vez que las protagonistas van o vuelven de La Mancha a Madrid.

sustentarse de to be based on

el ganado livestock, cattle

el viñedo vineyard

la energía eólica wind energy

Almost 20% of the population of Castilla-La Mancha is over 65 years of age. Its ageing demographic is a consequence of the exodus from rural towns to cities of people of working age. This movement was more pronounced over previous decades, but continues to this day. For both men and women, life expectancy is one of the highest in Spain, and, as Raimunda points out in the opening scene, the women live longer than the men (86 years for women and 80 years for men).

The gastronomy of the region is distinct from that of Madrid; evidently less diverse but maintaining its impressive traditions. Raimunda and Sole are astounded by the quality of the typical Manchegan food when they return to Aunt Paula's house, and they even take it back to the capital to enjoy throughout the working week. The female residents of both the Manchegan town and the Madrid suburb are proud of their gastronomy, and when Raimunda is in desperate need of ingredients to cater for a visiting film crew, the neighbours she passes in the street readily agree to sell their food and vouch for its quality. The meals Raimunda provides for the film crew are also very well received.

See 'La cultura rural y urbana' in the Themes section on pages 34–35 for more information about this.

Key quotation
Raimunda: Las mujeres aquí viven más que los hombres.

Key quotation
Inés, vecina del pueblo: Me he traído del pueblo unos mantecados que se deshacen en el paladar.

Key quotation
Raimunda: Mañana os voy a poner de comida que os vais a caer de culo.

TASK
Después de ver la película, ¿cómo describirías la región de Castilla-La Mancha? Si tienes la oportunidad, busca más información en Internet sobre esta comunidad autónoma, su cultura, gastronomía y costumbres.

La cultura televisiva

En España **a comienzos del** siglo XXI, la "telebasura" era (y continúa siendo a día de hoy) muy popular. Con este término se denomina a veces a los programas de testimonios personales sobre las vidas privadas de la gente, normalmente sobre enfermedades, sucesos, peleas o romances en los que se suele **profundizar en todo lujo de detalles** hasta llegar a ser **vergonzoso**. Programas como *Sálvame*, *A tu lado* o *El diario de Patricia* ocupaban horas y horas de televisión.

a comienzos de at the start of

profundizar en todo lujo de detalles to go into great detail

vergonzoso/a shameful

Agustina mentions to Raimunda that her sister works in television. In one of the most memorable scenes in the film, Agustina appears on a tawdry daytime television show to tell her emotional story and perhaps gain insight into the disappearance of her mother. Despite the tragedy of her plight, the depiction of the show is both comical and realistic, with the presenter showing little compassion in the search for higher viewer ratings. *Volver* is a film following in the great traditions of melodrama, but programmes such as these appear to be a vulgar modern-day alternative.

La cultura de la muerte y la superstición

el velatorio wake

la noche posterior the following night

el/la difunto/a the deceased

el/la familiar relative

el acontecimiento event

las vivencias experiences

el chisme gossip

el ser fallecido the deceased

pendiente pending, unresolved

la habladuría rumour

atreverse to dare

En Castilla-La Mancha, como en el resto de la España rural, aún hoy en día se siguen celebrando los funerales como en el pasado, con un **velatorio** la **noche posterior** a la muerte del **difunto** en su propia casa o en casa de un **familiar**. En el caso de La Mancha, los hombres y las mujeres suelen estar en habitaciones diferentes, y son las mujeres las que tienen el papel más importante de rezar durante toda la noche y recordar al muerto. En pueblos pequeños estos funerales son auténticos **acontecimientos** sociales que reúnen al barrio al completo, y donde se comparten **vivencias** y **chismes**, además de dar continuidad a la creencia de que el **ser fallecido** "pasa a mejor vida" y no abandona por completo a sus familiares.

A lo largo de la película se puede ver cómo la mayoría de los personajes, a excepción de Raimunda, creen en fantasmas. Esto es algo común en zonas rurales, donde especialmente las generaciones antiguas no cuestionan el hecho de que cuando alguien muere, su espíritu se queda entre nosotros, y más aún si esa persona tiene algo **pendiente** que hacer o algo por terminar. Hay muchas **habladurías** y anécdotas que cuentan cómo el muerto se quedó en la casa familiar comunicándose con el resto de la familia de alguna manera para ayudar o terminar algo que no hicieron en vida. Por difícil que parezca de creer, la España rural es aún hoy en día muy supersticiosa con el tema de la muerte, y poca gente joven **se atreve** a cuestionar las historias que sus abuelos les cuentan sobre apariciones o hechos paranormales que vivieron hace años.

The plot of *Volver* relies heavily on the idea that superstition is rife in rural towns and villages. Catholic Christianity is by far the predominant religion in Spain and its rites and rituals, particularly in relation to death, have been preserved for centuries. In the opening scene of the film, Sole and Raimunda are seen diligently cleaning and polishing a gravestone. Rather than this being a case of family eccentricity, the number of other women similarly attending to graves in the cemetery suggests this ritual is embedded in Manchegan culture.

They are preparing for All Saints' Day (Día de Todos los Santos), a holiday of remembrance in honour of their deceased relatives, to remind them that they are not forgotten.

There is repeated reference to customs and traditions throughout the film, which people follow unquestioningly. The only hint of rebellion comes from Raimunda's teenage daughter, Paula, who finds such traditions strange. Her attitude may reflect gradual cultural change in modern Spain, where, although more than 70% of Spanish citizens identify as Catholic, only 20–25% of these Catholics attend mass once or more each month. Nevertheless, *Volver* clearly portrays Catholic traditions as an indelible mark on Spanish culture, particularly in more rural areas. Almodóvar grew up among these traditions, and this film is a homage to them. As the Spanish writer and philosopher Miguel de Unamuno noted: 'Aquí en España somos católicos hasta los ateos.'

See pages 36–37 on 'La muerte' in the Themes section for more information on this.

Key quotation

Paula: ¿Mamá, es verdad que Agustina viene a arreglar su propia tumba?

Raimunda: Sí, aquí es costumbre.

GRADE BOOSTER

High-quality essays frequently demonstrate excellent evaluation of cultural and social contexts. Try to support your interpretations of the film with real-world evidence. For example, you should link the theme of superstition to the Catholicism that is deeply embedded in Spanish culture.

Las mujeres

Es bien sabido que Pedro Almodóvar es un director más de mujeres que de hombres, incluso él mismo lo ha mencionado en los medios. El apodo "chica Almodóvar" es comúnmente usado en los medios españoles para referirse a un grupo de actrices que han trabajado y trabajan con Pedro Almódovar en varias de sus películas, entre las que se encuentran Rossy de Palma, Bibiana Fernández, Carmen Maura, Marisa Paredes y Penélope Cruz.

Mucho se ha hablado sobre si las protagonistas de *Volver* representan fielmente a las mujeres manchegas de hoy en día. Obviamente, estos roles femeninos **se nutren** a veces **de** estereotipos exagerados para hacer la película más entretenida e interesante, pero eso no significa que estas mujeres no estén llenas de verdad y se basen en una realidad. En Raimunda encontramos a una mujer joven, atractiva, **superviviente** de tragedias familiares y una madre que protege a su hija ante todo. Agustina, el opuesto visual a Raimunda, aun siendo de similar edad, se

nutrirse de to draw on

el/la superviviente survivor

abrumador(a)
overwhelming

despistado/a
absent-minded

la fogosidad
spirit, mettle

presenta como una mujer menos atractiva, pero con una generosidad y empatía **abrumadores**. Irene, la típica señora manchega es una madre que solo quiere volver a reunir a sus hijas y busca la unidad familiar. La tía Paula es un fiel reflejo de la señora y abuela mayor, **despistada**, cariñosa y entrañable. Todos estos atributos coinciden con el de la mujer española y quizás el carácter español, cayendo o no en estereotipos, marcado por **la fogosidad**, pasión y fuerte personalidad.

According to recent studies, more than 40% of Spanish mothers are not married. This is partly the consequence of a more liberal society in which religious blessing is no longer compulsory in order to cohabit or raise a family, but it is also to some extent a result of an increase in the number of single mothers and single-parent families. These mothers are increasingly a symbol of strength and heroism in modern society, given that in many cases they work in demanding jobs for low pay, while still fulfilling many of the demands traditionally attributed to the housewife. Almodóvar undoubtedly bestows his female characters with an awe-inspiring determination to get on with life, come what may. Raimunda epitomises this iron will, and to such an extent that if tragedy in the Arts is defined as a great character destined for destruction, then Almodóvar's women will defy their fate.

See pages 38–39 in the Themes section on 'La mujer, la maternidad y la familia' for more information on this.

1 Empareja cada frase con el título correcto.

1 Hoy en día hay muchas personas enganchadas a emisiones sobre escándalos personales.

2 La densidad de población de esta autonomía es bastante baja.

3 Mucha gente limpia las lápidas y tumbas del cementerio.

4 Los sueldos en el servicio terciario suelen ser bastante bajos.

5 La voluntad de hierro de estas españolas es admirable.

a El mundo laboral
b Castilla-La Mancha
c La cultura televisiva
d La cultura de la muerte y la superstición
e Las mujeres

2 Completa el texto con las palabras del recuadro, luego traduce el texto al inglés.

Según muchos **1**.......... , *Volver es una película muy* **2**.......... *de Pedro Almodóvar. El director admite que con esta obra, ha* **3**.......... *a su infancia, y a la autonomía donde nació. La demografía de Castilla-La Mancha ha* **4**.......... *mucho en décadas recientes por razones* **5**.......... , *pero la región sigue* **6**.......... *sus tradiciones y* **7**.......... . *La influencia de la Iglesia Católica es* **8**.......... *y la gente es muy* **9**.......... *de su gastronomía. No obstante, es importante destacar que a pesar de su argumento emotivo, esta película no solo es un melodrama* **10**.......... *también una comedia.*

cambiado	orgullosa
costumbres	económicas
profunda	sino
vuelto	guardando
críticos	típica

3 Lee las siguientes diez frases sobre el contexto histórico y social de *Volver*. Escoge las cinco frases que son correctas según el sentido del texto.

1 La mayoría de la clase obrera vive en pleno centro de Madrid.

2 La comunidad de Vallecas es muy diversa.

3 Alcanfor de las Infantas es un pueblo ficticio.

4 La expectativa de vida de los varones en Castilla-La Mancha es muy baja.

5 Parece que la popularidad de la telebasura en España no ha disminuido en años recientes.

6 Durante un funeral manchego, los hombre y las mujeres no se mezclan.

7 Hoy en día, los españoles no celebran el Día de Todos los Santos.

8 Solo una minoría de los católicos españoles asisten a misa.

9 Hay cada vez menos familias monoparentales en España.

10 Raimunda tiene una voluntad de hierro.

4 ¿Qué fue "La Movida Madrileña"?

5 Explica el significado del título *Volver* para el director.

6 Haz una descripción del barrio de Vallecas.

7 ¿Cómo es la demografía de Castilla-La Mancha?

8 Con referencia a la película, ¿cómo sabemos que la gastronomía de esta región es de alta calidad?

9 ¿Cuáles son los aspectos negativos de los programas de testimonios personales?

10 ¿Crees que los españoles son religiosos hoy en día? Explica tu respuesta.

El contexto social y histórico

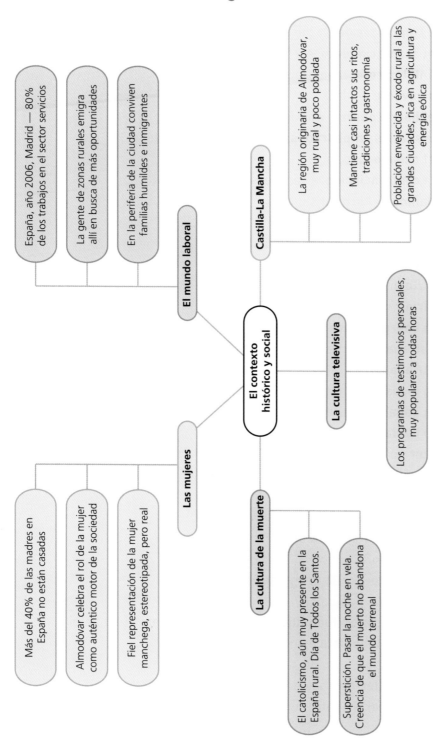

El contexto histórico y social

El mundo laboral
- España, año 2006, Madrid — 80% de los trabajos en el sector servicios
- La gente de zonas rurales emigra allí en busca de más oportunidades
- En la periferia de la ciudad conviven familias humildes e inmigrantes

Castilla-La Mancha
- La región originaria de Almodóvar, muy rural y poco poblada
- Mantiene casi intactos sus ritos, tradiciones y gastronomía
- Población envejecida y éxodo rural a las grandes ciudades, rica en agricultura y energía eólica

La cultura televisiva
- Los programas de testimonios personales, muy populares a todas horas

Las mujeres
- Más del 40% de las madres en España no están casadas
- Almodóvar celebra el rol de la mujer como auténtico motor de la sociedad
- Fiel representación de la mujer manchega, estereotipada, pero real

La cultura de la muerte
- El catolicismo, aún muy presente en la España rural. Día de Todos los Santos.
- Superstición. Pasar la noche en vela. Creencia de que el muerto no abandona el mundo terrenal

Vocabulario

abrumador(a) overwhelming

a comienzos de at the start of

el acontecimiento event

antológico/a memorable

atreverse to dare

el barrio obrero working-class neighbourhood

las calles empedradas stone/cobbled streets

el chisme gossip

la concienciación awareness

dañino/a harmful

dar lugar a to give rise to

despistado/a absent-minded

la dictadura dictatorship

el/la difunto/a the deceased

dirigir to direct

la energía eólica wind energy

estrenarse to be released

el/la familiar relative

la fogosidad spirit, mettle

el ganado livestock, cattle

la habladuría rumour

huir to flee

humilde humble

la juventud youth

la noche posterior the following night

nutrirse de to draw on

originario/a native

pendiente pending, unresolved

poblado/a populated

profundizar en todo lujo de detalles to go into great detail

el/la protagonista principal main character

rodar to film

el ser fallecido the deceased

el/la superviviente survivor

sustentarse de to be based on
tener lugar to take place
la trama plot
transcurrir to take place, to happen
el velatorio wake
vergonzoso/a shameful
el viñedo vineyard
las vivencias experiences

Visita al pueblo: cementerio, tía Paula y Agustina

(00:00:00–00:11:41)

manchego/a Manchegan, of La Mancha

la zarzuela Spanish light opera

la lápida gravestone, headstone

la tumba grave

el incendio fire

La película da comienzo en un cementerio **manchego**, al sonido de *Las espigadoras*, una canción que es parte de la **zarzuela** *La rosa del azafrán* de 1930, que se sitúa en La Mancha. Es muy simbólica y característica de esta parte de España y habla del duro trabajo que realizan las mujeres manchegas en su día a día, lo que contrasta con todas las señoras que limpian las **lápidas** y **tumbas** del cementerio. Mientras Sole, Raimunda y su hija Paula limpian la lápida de sus padres, la adolescente se pregunta por qué hay tantas viudas en el pueblo, a lo que Sole responde que las mujeres en el pueblo viven más que los hombres, lo que les recuerda que sus padres murieron juntos en un **incendio** hace 4 años. Aparece Agustina, una vecina del pueblo cercana a las chicas, que viene a limpiar su propia tumba, lo que sorprende a Paula, que no da crédito a que tenga su propia tumba en vida.

▲ Raimunda y su hija Paula limpiando la lápida de sus padres (fotograma de la película)

Raimunda, Sole y Paula visitan a la tía Paula, que vive sola en su casa de toda la vida. La mujer casi no reconoce a Sole y Paula, y solo habla cariñosamente con Raimunda, que le apaga la televisión cuando ve una noticia sobre incendios, que claramente les recuerda la trágica muerte de sus padres. Sole se sorprende al descubrir una **bicicleta estática** en el piso de arriba de la casa, que **huele** a su madre. La tía Paula habla de la madre de las chicas como si estuviera viva, y la menciona continuamente. Tras recoger con sorpresa comida típica manchega que la tía tenía preparada para ellas, se van, y Raimunda se despide de su tía con gran emoción.

Después, pasan por casa de Agustina, donde esta les recuerda la **desaparición** de su propia madre, la única hippie del pueblo, según ella. Raimunda y Sole se sorprenden de que Agustina cultive su propia marihuana y la fume, según ella, para darle **paz** y calma. Agustina también les recuerda que su hermana y ella cantaban juntas de pequeñas y se presentaban a concursos.

la bicicleta estática exercise bike

oler to smell

la desaparición disappearance

la paz peace

Key quotation

Tía Paula: La Agustina me trae el pan, vuestra madre me hace la comida… si necesito algo llamo a la tienda y me lo traen… pues muy bien.

Key quotation

Sole: Habla de nuestra madre como si todavía estuviera viva.

Agustina: Es que para ella no ha muerto.

Activity

1 Lee el resumen de la primera escena, luego decide si las siguientes frases son verdaderas (V), falsas (F), o no mencionadas (NM).
  1 La película tiene lugar en el año 1930.
  2 Las letras de la canción riman muy bien.
  3 Los padres del joven Paula murieron en un incendio.
  4 La tía Paula nunca se ha mudado de casa.
  5 La bicicleta estática está en la planta baja.
  6 La madre de Agustina era una hippie que solía fumar marihuana.

El asesinato de Paco y la muerte de tía Paula
(00:11:41–00:25:11)

Ya en el coche de vuelta a casa, Sole le cuenta a su hermana y sobrina que vio la bicicleta en la planta de arriba en casa de la tía Paula, lo que le **extraña** a Raimunda, porque es muy mayor para usarla, y también comenta sobre cómo la mujer mayor puede cocinar los dulces sin casi poder ver bien.

Al llegar a Madrid, se encuentran con Regina, una prostituta cubana del barrio, a la que saludan cariñosamente. Al llegar a casa, Paco, el marido de Raimunda, está viendo el fútbol en la tele y mira a Paula con **morbo** cuando ella se sienta en el sillón a su lado. Raimunda se enfada al descubrir que Paco ha perdido su trabajo y deja de preparar la cena con la comida que se trajo del pueblo. Más tarde, en la cama, Raimunda dice estar preocupada por su tía, y rechaza a Paco cuando la besa. Paco también se enfada.

extrañar to surprise

el morbo arousal, sexual excitement

▲ Raimunda mirando el cuchillo cubierto de sangre que usó Paula para matar a Paco (fotograma de la película)

Raimunda trabaja limpiando en el aeropuerto, y al volver a casa se encuentra con su hija, que la esperaba en la calle. La chica está nerviosa y casi no puede hablar. La chica **confiesa** que Paco, borracho, intentó abusar de ella y tuvo que defenderse. Cuando Raimunda encuentra el cuerpo de Paco sin vida en la cocina, le dice a Paula entonces que recuerde que fue ella quien lo mató y que ella estaba en la calle, como su plan para **encubrir** a su hija. Entonces, limpia toda la sangre con cuidado y cuando está a punto de mover el cuerpo de Paco al frigorífico de su cocina, un vecino, Emilio, llama a la puerta para darle las llaves de su restaurante, que está en venta, para que ella lo enseñe a posibles compradores. Justo después, Sole llama por teléfono para comunicarles que la tía Paula acaba de morir. Raimunda, muy triste y estresada, dice que no podrá ir al funeral y que Sole tendrá que ir sola, a pesar de tener mucho miedo a los muertos. Sole les cuenta que la tía estuvo muy lúcida hasta el final y dejó todo preparado para su funeral.

confesar to confess

encubrir a alguien to cover up for someone

Key quotation

Paco: ¿Qué tal, os habéis divertido?

Paula: ¿En el cementerio? ¿Te estás quedando conmigo?

Build critical skills

1 Almodóvar explica visualmente y con muchos detalles la escena en la que Raimunda limpia la sangre de Paco. Describe los pasos de Raimunda y el papel del color rojo en esta escena. ¿Dónde encuentras el color rojo?

Key quotation

Sole: ¿Cómo no vas a ir Raimunda? ¡menuda campaná*!

Raimunda: Pues no puedo… remotamente.

[*campaná = campanada (scandal)]

Activity

2 Lee el resumen de la segunda escena y pon las frases en el orden correcto.
  1 Raimunda recibe la noticia que la tía Paula ha fallecido.
  2 Paco echa un vistazo a Paula con deseo sexual.
  3 El vecino de Paula le pide un favor.
  4 Paco admite que ahora está desempleado.
  5 Raimunda tropieza con Paula, aturdida en la calle.
  6 Raimunda menciona que la tía Paula se está quedando ciega.

El funeral y el nuevo trabajo de Raimunda
(00:25:11–00:39:06)

En esta escena vemos a Raimunda y Paula metiendo el cuerpo de Paco en el ascensor y transportándolo entre las dos a un **arcón frigorífico** del restaurante de Emilio, del que tienen las llaves.

Al día siguiente, un cliente aparece por el restaurante en busca de un sitio para que coma su equipo de filmación, 30 personas en total. Raimunda no se lo piensa dos veces y dice que ella lo preparará. Justo entonces se va al mercado a comprar comida, y de vuelta a su casa se encuentra con dos vecinas, a las que les pide ayuda y les compra la comida que tienen. La comida es un éxito y el restaurante está lleno.

Sole vuelve al pueblo manchego para asistir al funeral de su tía. Al entrar a la casa, se encuentra de cara con su madre, que murió hace 4 años, y **huye despavorida** de la casa a casa de Agustina, donde se encuentra con el funeral y todos los invitados.

Agustina se ocupa de ella y la lleva a la habitación con el resto de mujeres, que **rezan** por el **alma** de la tía Paula. Allí, Agustina cuenta que algo o alguien le indicó que Paula había muerto, a lo que las mujeres allí responden que seguro fue un espíritu. Agustina lleva a Sole a otra habitación, donde tiene preparado un típico **cocido** manchego, y le sirve un poco de caldo. Allí, Agustina le cuenta que hay gente que ha visto a Irene, y dice que las apariciones de los muertos son normales, y que pasan porque a veces dejan promesas por cumplir. Tras el **entierro**, Agustina se queda triste, y le dice que le diga a Raimunda que todo salió bien y que el pueblo entero **asistió**.

el arcón frigorífico chest freezer

Key quotation

Raimunda: Pues yo misma os lo preparo... así que comida para 30... ¿Y a qué hora?

huir to flee
despavorido/a terrified
rezar to pray
el alma soul

el cocido stew typical of central Spain

el entierro burial

asistir to attend

Key quotation

Vecina: ¡Fue su espíritu quien te avisó!

Vecina: ¿Pero el espíritu de Paula o de la otra?

Vecina: ¡Cualquiera de las dos!

GRADE *BOOSTER*

It is essential to have a strong knowledge of iconic scenes such as the funeral of Aunt Paula as they can be discussed in a wide range of essay questions. Director's technique, historical and cultural context, gender roles and the subject of death and superstition all come into play in this scene.

Activity

3 Traduce el siguiente texto al español, usando la descripción de la tercera escena para ayudarte.

After transporting Paco's body to the lift, Raimunda and Paula put it in a chest freezer in the restaurant where the day after, Raimunda will prepare a meal for 30 people. Sole attends her Aunt's funeral and, on seeing her mother in the house, she decides to flee. As a result, Agustina has to explain to her that many people in the village have seen such apparitions. How will Sole react to this information?

La vuelta de Irene
(00:39:06–00:56:30)

el maletero boot (of car)

el estupor astonishment

el trato deal, agreement

infiel unfaithful

tierno/a tender

De vuelta a Madrid, al aparcar el coche, Sole escucha unos ruidos que vienen del **maletero** de su coche, y al abrirlo descubre, con **estupor**, que se trata de su propia madre, con una maleta de la tía Paula. No obstante, Sole acepta a su madre con normalidad, y la lleva a su piso donde vive sola. Allí, Irene le cuenta que en Madrid no conoce a nadie y que quiere salir, y que quiere que le corte el pelo y le cambie su color gris. Raimunda llama por teléfono en ese momento y le cuenta que se ha quedado con el restaurante de Emilio mientras cierra un **trato** para servir más comidas al día siguiente. Miente a su hermana al decirle que Paco la ha abandonado para siempre. Irene le recuerda a Sole que ellas no han tenido suerte con los hombres, y le revela a su hija que su padre le fue **infiel** en muchas ocasiones. Por la noche, en una escena muy **tierna**, Sole se despierta y va al otro dormitorio para ver dormir a su madre, y se mete en la cama con ella mientras la observa.

Al día siguiente, Raimunda les paga a las vecinas toda la comida que le donaron y de manera generosa, les da más dinero de lo que les debía. Ellas le ayudan a transportar un frigorífico al restaurante mientras le dicen a Raimunda que la ayudarán en el restaurante en todo lo que necesite.

→

Mientras tanto, Sole le corta y **tiñe** el pelo a su madre. Deciden que se hará pasar por una inmigrante rusa y que la ayudará con las clientas de su peluquería ilegal en casa. Al llegar las clientas, Irene actúa muy bien y las clientas no sospechan nada.

En el restaurante, el chico del equipo habla con Raimunda y le dice que quiere que le cierre la terraza para dar la fiesta de final de **rodaje**, mientras flirtea con ella un poco.

teñir to dye, to tint

el rodaje filming

Activity

4 Lee el resumen de la escena 4. Completa cada frase con la información correcta según el sentido del texto.
  1 Al ver a su madre, Sole reacciona… [2]
  2 Irene quiere salir de Madrid porque…
  3 Para engañar a Paula. Raimunda dice que…
  4 Para demostrar su amor para su madre, Sole…
  5 Cuando Raimunda necesita ayuda, las vecinas… [2]
  6 Irene juega el papel de…
  7 Para dar la fiesta del final del rodaje, Raimunda tendrá que…
  8 Sabemos que al chico del equipo le gusta Raimunda porque…

Key quotation

Irene: ¡Uh! ¡qué horror! ¡No me extraña que te haya dado miedo! ¿Sigues teniendo la peluquería ilegal?

Clienta peluquería: No te fíes de todas las viejas que veas por la calle, y menos rusas… ¡Hay mucha mafia!

La fiesta en el restaurante y los recuerdos
(00:56:30–01:09:00)

Por la tarde, Raimunda y Paula visitan a Sole, y ella actúa de forma un poco rara. En el aseo, Raimunda reconoce un olor característico que le recuerda a su madre, lo que hace que se ría con su hermana y su hija. Irene, que está **escondida** debajo de la cama en la habitación, también se ríe. Raimunda reacciona muy mal al abrir un armario y ver allí la ropa de su madre y la maleta de la tía Paula. Raimunda se va con su hija de mala manera.

Más tarde, mientras Paula y Raimunda decoran el restaurante para la fiesta, la niña le **recrimina** a su madre que el cuerpo de Paco aún esté en el congelador. Después, en casa, mientras Paula no está de humor para la fiesta, le confiesa que no para de pensar en la muerte de su padre, a lo que la madre le responde diciendo que Paco no era su padre biológico, y que pronto le contará la verdad de todo. Solo le adelanta que su padre es alguien del pueblo y que está muerto.

esconder to hide

recriminar to reproach

Build critical skills

2 La escena de Raimunda cantando *Volver* es muy evocadora. Analiza esta escena y describe el papel de Irene, que observa a su hija en la distancia. ¿Qué sentimientos te produce esta escena? ¿Por qué lloran Irene y Raimunda?

devolver to give back

de fondo in the background

el reencuentro reunion

▲ Raimunda cantando la canción *Volver*, porque su hija nunca la ha escuchado cantar (fotograma de la película)

Esa noche, en el restaurante, la fiesta funciona fenomenal, las vecinas están ayudando y sirviendo mojitos. Sole se acerca en coche al restaurante para **devolver**le la maleta de la tía Paula, mientras Irene se esconde en el asiento de atrás. Ella se alegra al ver el éxito de la fiesta que ha organizado su hija. Sole se disculpa con Raimunda y le dice que nunca pensó en robar nada de la casa. En ese momento suena **de fondo** una guitarra al ritmo del famoso tango *Volver*, lo que hace que Raimunda le recuerde a su hermana que ella cantaba esa canción de pequeña. Entonces, Raimunda, llena de energía, se decide a cantar la canción, porque su hija nunca la ha escuchado cantar. Mientras Raimunda se emociona cantando la canción, que habla de volver a la tierra natal y de **reencuentros**, su madre la observa y escucha desde el coche, lo que la hace llorar de emoción.

Activity

5 Lee el resumen de las escena 5. Contesta a las preguntas al español.

1   ¿Cómo reacciona Raimunda al reconocer el olor característico de su madre?
2   ¿Qué hace Paula para ayudar a su madre preparar para la fiesta?
3   ¿Qué revelación sorprendente sale a la luz durante la conversación entre Raimunda y Paula?
4   ¿Por qué visita el restaurante Sole?
5   ¿Por qué Raimunda recuerda a su hermana y su familia cuando oye el tango *Volver*?
6   ¿Cómo reacciona la madre de Raimunda al escucharla cantar?

El entierro de Paco y Agustina enferma en Madrid
(01:09:00–01:24:00)

A la mañana siguiente, Raimunda decide llamar a una empresa de transportes para alquilar una **furgoneta**. Después, un cliente interesado por el restaurante de Emilio la llama, y ella le miente diciendo que una vecina se lo ha quedado. Ante la atenta mirada de Paula que ve a su madre mentir al teléfono, Raimunda llama a Emilio y le confiesa que ella se ha quedado con el restaurante y está sirviendo comidas en él, y que quiere pagarle lo que Emilio pide por él.

De camino a casa de Sole, Raimunda recibe la llamada de Agustina, que está en un hospital tratándose su cáncer. Raimunda deja a Paula con Sole y se va a visitar a Agustina y llevarle unas flores. En el hospital, Agustina tiene una **petición** inusual para su amiga: que si en algún momento ve a su madre como un **fantasma**, le pregunte que dónde está su madre. También le **advierte** que su hermana, que trabaja en la tele, quisiera organizar un reencuentro con Raimunda en la tele, a lo que ella se niega.

▲ Irene confiesa a su nieta Paula que cuando Raimunda se hizo adolescente, poco a poco dejaron de hablarse (fotograma de la película)

En casa de Sole, unas vecinas critican ese mismo tipo de programas de "telebasura", mientras Paula habla con su abuela. Irene le cuenta a su nieta que Raimunda vivía con la tía Paula porque tenían problemas económicos. Irene admite que cuando Raimunda se hizo adolescente, poco a poco dejó de hablarse con ella, lo que fue muy doloroso para ella. Raimunda vuelve a casa de Sole a recoger a su hija, y las encuentra un

la furgoneta van, truck

la petición request
el fantasma ghost
advertir to warn, to tell

Key quotation

Regina: Mira Mundita, yo te agradezco la confianza, pero mi vida ya está bastante complicada... no tengo trabajo, no tengo papeles, tengo que hacer la calle para sobrevivir...

TASK

Intenta ver algún programa "telebasura" de la televisión española, por ejemplo *Sálvame* o *Mujeres y hombres y viceversa* y escribe un comentario con tu opinión personal sobre la producción del programa y su contenido. ¿Qué intención tienen? ¿A quién van dirigidos?

Key quotation

Agustina: Yo voy a durar poco tiempo… pero no me quiero morir sin saber qué fue de mi madre…

la zanja trench, hole

poco raras. Le pide que Paula se quede con ella por la noche, y le miente diciendo que Paco la va a visitar por la noche, probablemente para despedirse para siempre.

Raimunda le pide a Regina que le ayude a trasportar el congelador cerca del río Júcar, pidiendo que guarde el secreto. Una vez más, las vecinas ayudan a Raimunda a meter el arcón en la furgoneta. Una vez cerca del río, abren una **zanja** y entierran el congelador con el cuerpo de Paco. Raimunda hace una inscripción en un árbol al lado de la zanja.

Activity

6 Lee los dos primeros párrafos del resumen de la escena 6. Busca la palabra adecuada para cada definición.
  1 Pequeño vehículo cubierto, un poco más pequeño que un camión.
  2 Vistazo; expresión de los ojos.
  3 Decir o manifestar lo contrario de lo que se sabe, cree o piensa.
  4 Establecimiento en que se atienden y curan enfermos.
  5 Un ruego o cosa que se pide.
  6 Planificar algo para lograr un fin.

La confesión de Agustina y la telebasura
(01:24:00–01:39:00)

Key quotation

Agustina: Raimunda, mi madre… estaba liada con tu padre.

denunciar to report
arreglar to sort out

En el restaurante a la mañana siguiente de su viaje al río para enterrar el congelador, mientras Raimunda prepara comida, recibe la visita de Agustina, y juntas pasan al almacén. Allí, Agustina le recuerda que necesita saber si su madre está viva o muerta o dónde está. Raimunda le dice que ella no puede ayudarla, y Agustina le confiesa que su madre desapareció el mismo día que su padre y madre murieron en el incendio. Agustina también le cuenta que su propia madre y su padre se veían a escondidas como amantes, y Raimunda se enfada mucho y le recrimina que no lo haya **denunciado** a la policía todavía, a lo que ella responde que son asuntos privados y deben **arreglarlo** entre ellas.

A continuación, Raimunda y Paula vuelven a casa de Sole, a devolverle la maleta de Paula. Irene se esconde rápidamente, dejando a una clienta de la peluquería a medias con el pelo mojado. Paula se va al dormitorio a ver la tele, mientras advierte a su abuela que se esconda bajo la cama. Raimunda le cuenta a su hermana que la noche anterior Paco se fue para siempre y ella sospecha que tiene una amante. De repente, en la televisión, para sorpresa de todas, Agustina aparece en un programa de testimonios. Todas se reúnen frente a la tele y escuchan **atónitas** a Agustina, que es entrevistada de manera frívola y cruel, mientras hablan de la desaparición de su madre y su cáncer. Agustina se levanta en mitad de la entrevista y la abandona, porque las preguntas de la presentadora son muy privadas e íntimas.

Mientras Raimunda prepara la cena, le cuenta a Sole sobre Agustina y le pregunta a su hermana si ella sospechaba algo. Sole le dice que su madre le comentó algo mientras vivía, y que hay muchas cosas que ella no sabe, pero que probablemente no la crea. Le confiesa entonces que el fantasma de su madre no deja de aparecerse, y le dice que fue ella la que cuidó de la tía Paula hasta que murió. Ante la **incredulidad** de Raimunda, Sole se enfada y le recuerda que era su madre la que preparaba la comida que preparaba la tía Paula. Entonces, Raimunda le pregunta si es ella la rusa que **acoge** en su casa, a lo que ella **asiente**. Raimunda va al dormitorio y descubre a su propia madre debajo de la cama, en una escena llena de emoción. Madre e hija se miran, y ella le dice que ha vuelto para pedirle perdón. Raimunda rompe a llorar y abandona la casa con su hija. Sole le recuerda a su madre que le debe una explicación de todo.

atónito/a astonished

Key quotation

Presentadora de TV: Agustina, tú sabes que hay rumores...

Agustina: Yo es que no creo en los rumores.

la incredulidad disbelief

acoger to welcome
asentir to agree

Build critical skills

3 La escena en la que Agustina aparece en el programa de televisión mientras Irene, Paula, Raimunda, Sole y una clienta la observan es también una crítica a la televisión de hoy en día. ¿Por qué es sensacionalista el programa? ¿Conoces otros programas similares a este en la televisión?

Activity

7 Haz una definición de las siguientes palabras que aparecen en el resumen de la escena 7.
1 maleta
2 amante
3 desaparición
4 entrevista
5 cena
6 fantasma

La confesión final y la vuelta al pueblo
(01:39:00–final)

Raimunda llora por la calle, pero su hija Paula la convence para volver a casa de Sole y hablar con su madre.

▲ Irene y Raimunda en la escena clave cuando se confiesan sus secretos (fotograma de la película)

reñir con to quarrel with

quedarse embarazada to fall pregnant

prender fuego to set fire

bochornoso/a shameful

Irene y Raimunda dan un paseo por la noche para hablar, e Irene le dice que no es un fantasma y que la tarde del incendio, ella **riñó con** la tía Paula a causa de Raimunda. Fue entonces cuando la tía Paula le confesó que su marido abusó de Raimunda siendo adolescente, ella **se quedó embarazada** y su hija Paula es a la vez su hija y su hermana. Irene le cuenta que fue entonces cuando Raimunda se distanció de su madre y se fue a vivir a Madrid. Irene fue en busca de su marido, y al encontrarlo en la cama con la madre de Agustina, le **prendió fuego** a la casilla del campo y ambos murieron. Ella se escondió en el campo, y todo el pueblo pensó que ella murió en el incendio. Al volver a casa de la tía Paula ella la aceptó como una aparición, y allí se quedó con ella hasta que falleció. Al día siguiente de camino al pueblo, las dos hermanas, Irene y Paula, paran el coche cerca del rio, donde Paula ve la inscripción en el árbol que su madre hizo días antes con las iniciales de Paco.

Ya en el pueblo, en la casa de la tía Paula, reciben la visita de Agustina, e Irene se esconde. La mujer se disculpa de su **bochornosa** aparición en la televisión.

→

Esa misma noche, más tarde, Irene visita a Agustina, y ella la recibe como una aparición. Irene entonces le dice que la va a cuidar y le pondrá las inyecciones que necesita.

De madrugada, Raimunda va a la casa de Agustina porque quería ver a su madre. Le dice que la necesita en su vida, y que tiene mucho que contarle, y ambas deciden verse diariamente. Irene le cuenta a su hija que lo menos que puede hacer por Agustina después del suceso del incendio es cuidarla hasta que muera. Así, Irene continúa como "fantasma" en casa de Agustina.

Key quotation

Irene: Gracias por no haber hablado de mí en la televisión.

Agustina: Eso son cosas nuestras.

Irene: Desde luego, y no le importan a nadie…

Activity

8 Lee el resumen de la última escena y completa las frases con las palabras del recuadro. ¡Cuidado! Sobran palabras.
   1 Raimunda y su madre hablan de muchas cosas mientras ………. por la calle.
   2 Cuando era ………. , Raimunda sufrió abuso sexual ………. su padre.
   3 A causa del ………. , Raimunda se va al Madrid.
   4 Al entender de lo que hizo su marido, Irene quiere ………. .
   5 Los vecinos suponen que Irene ha ………. en el fuego.
   6 Irene toma la decisión de ………. a Agustina hasta que ………. .

cuidar	andan
pequeño	venganza
empezado	adolescente
embarazo	porque
fallezca	muerto
morir	a manos de

Build critical skills

4 Parece que al final Irene vuelve a retomar su papel de fantasma. ¿Por qué es importante para Irene cuidar de Agustina en tu opinión? ¿Piensas que este final es justo para Agustina?

1 ¿Qué representan las letras de la canción al comienzo de la película? Menciona dos cosas.

2 ¿Qué tragedia sucedió hace 4 años?

3 ¿Por qué es extraño lo que hace Agustina en el cementerio?

4 ¿Por qué decide apagar la televisión Raimunda en la casa de su tía?

5 ¿Por qué habla la tía Paula de la madre de las chicas en presente?

6 ¿Cómo sabemos que Raimunda adora a su tía?

7 ¿Qué característica distinta tenía la madre de Agustina al resto del pueblo?

8 ¿Por qué toma Agustina drogas blandas?

9 ¿Por qué no tiene sentido ver una bicicleta estática en la casa de la tía Paula?

10 ¿Por qué se enfada Paco cuando está en la cama con Raimunda?

11 ¿De qué trabaja Raimunda?

12 ¿Qué plan tiene Raimunda para proteger a su hija?

13 ¿Qué favor pide Emilio de Raimunda?

14 ¿Por qué huye Sole de la casa de su tía el día de su funeral?

15 ¿Qué tipo de comida prepara Agustina para Sole?

16 ¿Por qué ocurren las apariciones de los muertos según Agustina?

17 ¿Cómo reaccionan Sole, Raimunda y Paula al reconocer el olor de Irene en el aseo?

18 ¿Por qué se decide Raimunda a cantar la canción?

19 Según Irene, ¿cuál fue la razón por la que Raimunda tuvo que vivir con la tía Paula?

20 ¿Por qué alquila Raimunda una furgoneta?

21 ¿Qué quiere el hombre que llama a Raimunda por teléfono?

22 ¿Por qué Raimunda tiene que dejar a Paula con Sole?

23 ¿Después de enterrar a Paco al lado del río, qué hace Raimunda para recordarle?

24 ¿Por qué Agustina visita a Raimunda en el restaurante? Menciona dos detalles.

25 ¿Qué dice Raimunda al oír la revelación de Agustina?

26 ¿Cómo reacciona Agustina frente a las preguntas de la presentadora?

27 ¿Cómo reacciona Raimunda al descubrir a su madre debajo de la cama?

28 ¿Qué tuvo que hacer Irene inmediatamente después de provocar un fuego?

29 ¿Por qué quiere Irene ayudar a Agustina?

30 ¿Cómo sabemos que está mejorando la relación entre Irene y Raimunda?

Narración

Las hermanas Raimunda y Sole limpian la tumba de sus padres en el cementerio de su pueblo natal y se encuentran con su vecina Agustina.

↓

Visitan a la tía Paula, que vive sola y es muy mayor, y se sorprenden de que tenga comida preparada para ellas. También visitan a Agustina, una vecina cercana a la familia cuya madre desapareció hace años.

↓

En Madrid, Paula, la hija de Raimunda mata a Paco en defensa propia. Raimunda mete el cuerpo en un frigorífico.

↓

Raimunda empieza a preparar comidas en el restaurante cerrado de un vecino, con la ayuda de sus vecinas.

↓

La tía Paula muere, y Sole va sola al funeral, donde se encuentra con su madre y cree que es un fantasma.

↓

Al volver a Madrid, Irene sale del maletero del coche de Sole y se instala a vivir con ella, sin más explicaciones.

↓

Irene se hace pasar por inmigrante rusa

↓

El restaurante de Raimunda tiene éxito. Una noche, Raimunda canta en el restaurante la famosa canción *Volver* mientras su propia madre la escucha en la distancia.

↓

Agustina tiene cáncer y está en Madrid por unos días. Va a un programa de televisión donde trabaja su hermana para contar la historia de la desaparición de su madre.

↓

Paula descubre a su abuela en casa de su tía Sole mientras Raimunda no sospecha nada.

↓

Agustina le confiesa a Raimunda que Irene y su marido no se llevaban bien y que él era infiel, a lo que Raimunda no reacciona bien.

↓

Finalmente, Raimunda descubre a Irene y le confiesa que sabe lo que pasó, y que el padre de Raimunda abusó de ella, quedó embarazada de Paula y decidió quemar la casita donde le encontró durmiendo con la madre de Agustina, y ambos murieron.

↓

Todas vuelven al pueblo, e Irene decide instalarse con Agustina y ayudarla con la medicación de su cáncer, a pesar de que ella cree que es un fantasma.

↓

Raimunda se reconcilia con su madre, y deciden verse muy a menudo.

Vocabulario

acoger to welcome

advertir to warn, to tell

el alma soul

el arcón frigorífico chest freezer

arreglar to sort out

asentir to agree

asistir to attend

atónito/a astonished

la bicicleta estática exercise bike

bochornoso/a shameful

el cocido stew typical of central Spain

confesar to confess

de fondo in the background

denunciar to report

la desaparición disappearance

despavorido/a terrified

devolver to give back

encubrir to cover up

el entierro burial

esconder to hide

el estupor astonishment

extrañar to surprise

el fantasma ghost

la furgoneta van, truck

huir to flee

el incendio fire

la incredulidad disbelief

infiel unfaithful

la lápida gravestone, headstone

el maletero boot (of car)

manchego/a Manchegan/ of La Mancha

el morbo arousal, sexual excitement

oler to smell

la paz peace

la petición request
prender fuego to set fire
quedarse embarazada to fall pregnant
recriminar to reproach
reencuentro reunion
reñir con to quarrel with
rezar to pray
el rodaje filming
teñir to dye, to tint
tierno/a tender
el trato deal, agreement
la tumba grave
la zanja trench, hole
la zarzuela Spanish light opera

For the director, *Volver* constitutes a 'return' on a number of different levels, and so the title is one of the main themes of the film. This return also acts as a gateway into other key themes, such as a personal study of the rural and urban cultures of central Spain, the influence of the climate, the treatment of death and the fate of women within these societies. Furthermore, the plot of relies heavily on the secrets held and the lies told by the main characters.

The six main themes are:

- *la cultura rural y urbana* (rural and urban culture)
- *el clima: los incendios y el viento* (the weather: fires and the wind)
- *la muerte* (death)
- *renacer y volver* (rebirth and return)
- *la mujer, la maternidad y la familia* (women, motherhood and family)
- *secretos y mentiras* (secrets and lies)

La cultura rural y urbana

natal of birth

el papel clave key role

el asunto matter, issue

entrañable fond, dear

La región **natal** del director Pedro Almodóvar tiene un **papel clave** en esta película, en particular, La Mancha más rural, la de los pueblos pequeños y la gente mayor. De hecho, las hermanas del director aparecen en los créditos de la película como coordinadoras de **asuntos** manchegos. La Mancha de *Volver* es La Mancha de la infancia de Almodóvar. La propia tía Paula en la película está inspirada en los últimos años de la madre del director, y se convierte en un personaje **entrañable** y querido en unos segundos.

▲ Tradicionales molinos de viento, contra los que luchaba Don Quijote al creerlos monstruos, forman parte del paisaje típico de La Mancha, región natal de Pedro Almodóvar

Según el director, La Mancha representa el origen y el comienzo de todo. Los personajes de la película vuelven al pueblo no solo a reencontrarse con sus familiares y vecinos, sino a ellos mismos; es una experiencia **catártica**. A través de los personajes descubrimos la gastronomía, los ritos, las casas, las formas de hablar e incluso las formas de vestir o saludarse con esos múltiples besos tan sonoros, todo eminentemente manchego. Además, la cuidada **escenografía** de la película nos muestra cuando los personajes salen y entran de Castilla-La Mancha a Madrid por medio de las **turbinas eólicas** que en los últimos tiempos se han convertido en un nuevo símbolo de la región, como ya lo son los tradicionales molinos contra los que luchaba Don Quijote al creerlos monstruos.

catártico/a cathartic, therapeutic

la escenografía setting
la turbina eólica wind turbine

Encompassing vast, dry plains ('a leather ocean' as described by the poet Pablo Neruda), as well having Toledo, the iconic city and former capital of Spain at its heart and being home to *Don Quixote*, the famous literary knight-errant, Castilla-La Mancha is arguably the region which captures more than any other the 'essence' of Spain. It is the location for many of Almodóvar's films, and for the female characters in *Volver* it represents refuge from the pressures of modern life in the city. The contrasts with city life are subtle, but numerous: stone pavements and roads, traditional home furnishings, harsh winds, a noticeably slower pace of life, an acceptance of the supernatural and even a different way of speaking. Raimunda, Sole, Irene and Aunt Paula use expressions typical of the region, such as "laborintera" (a person who schemes and causes trouble), "apoltronada" (a person who puts on weight as a result of not going out or doing exercise) and "darle a la lavadora" (to talk incessantly). The diminutive *–ico/a* is also frequently heard ("¡Tened cuidaico!", "igualico", "dinerico" etc.).

If the rural setting offers escape, by contrast, Madrid is the location of a more challenging adult reality. Raimunda toils through the working week, mopping the floors of an ultra-modern airport, and returning home to her good-for-nothing partner, Paco, who behaves lecherously towards her daughter, and later attempts to rape her. When her daughter, Paula, murders him, it is Raimunda who has the task of disposing of the body. Similarly, Sole is a lonely figure, precariously self-employed, using her small apartment as a hair salon. On several occasions we also encounter Regina, a Cuban prostitute who lives in the neighbourhood.

It is important to affirm, however, that although the rural and urban landscapes may contrast, the humanity, solidarity and strength of the female characters is evident in both locations. Raimunda thrives under pressure when preparing food in the restaurant for the film crew; Sole appears to be making a reasonable success of her illegal business; Regina is obliging, full of spark, and a symbol of the vibrant diversity that exists in the suburban communities of Madrid.

TASK
1 Busca información sobre el madrileño barrio de Vallecas: su historia, demografía y otra información de interés.

El clima: los incendios y el viento

En las últimas décadas, los incendios forestales se han convertido en un gran problema para España. Según datos oficiales se calcula que en las últimas décadas ha habido más de 20.000 incendios, lo que **ha dado lugar a** una gran alarma social y numerosas campañas de **concienciación** en los medios de comunicación. En el centro de España estos incendios pueden ser especialmente **dañinos**, ya que es una zona árida que necesita de una masa forestal para mantenerse.

dar lugar a to give rise to

la concienciación raising awareness

dañino/a harmful

Fire takes on a pivotal role in the film. Raimunda's parents are believed to have died in a fire, and as Aunt Paula talks to her nieces, there is a news story about a fire on the television in the background, causing Raimunda to quickly and tactfully change channels. We later discover that Irene deliberately started the fire that in fact killed her husband and his lover, changing the lives of both her and her family forever. The viewer may speculate that the fire spread so quickly as a result of the harsh winds so characteristic of Castilla-La Mancha. By constantly intruding on the lives of the residents, pulling them one way then the other, pushing their dustbins down the street, swirling and howling incessantly, the winds appear to create a culture that is receptive to the presence of ghosts and omens. The threat of climate change also causes Raimunda to snap out of the nostalgia of childhood, as she observes that the Júcar river near to her home has dried up considerably since she was a little girl.

Key quotation

Agustina: En mi pueblo hay muchos incendios, por el viento solano.

Key quotation

Raimunda: Es el viento solano que vuelve loca a la gente.

Key quotation

Presentadora TV: El pueblo de Agustina es la maravillosa localidad de Alcanfor de las Infantas, un pueblo que, según las estadísticas, posee el mayor índice de locura por habitante.

La muerte

pasmoso/a amazing, astonishing

el/la paisano/a fellow countryman/woman

el entierro burial

el cotilleo gossip

el cortejo fúnebre funeral cortège

liberador(a) liberating

álgido/a decisive, pivotal

estremecer a alguien to make someone tremble/shudder

Almodóvar ha mencionado en numerosas entrevistas que aún hoy en día le sigue asombrando de manera **pasmosa** la forma en la que sus **paisanos** manchegos reaccionan ante la muerte, tan natural y llena de ritos. Al principio de *Volver*, el espectador ve dos muertes muy diferentes. Por un lado, tenemos a la tía Paula, que al morir nos muestra cómo siguen siendo los **entierros** al estilo de toda la vida: mujeres vestidas de negro de pies a cabeza, hombres de traje en otra habitación, oraciones y **cotilleos** a partes iguales y un **cortejo fúnebre** por las calles empedradas del pueblo. Por otro lado, la muerte de Paco es completamente diferente, trágica pero **liberadora**. Supone el momento **álgido** para Paula, que **estremece al** espectador con la confesión a su madre, quien no duda en encubrirla inmediatamente.

▲ Las mujeres del pueblo, vestidas de negro de pies a cabeza celebran el velatorio de tía Paula con oraciones y cotilleos (fotograma de la película)

If death in the fictional Manchegan village of Alcanfor de las Infantas is linked to tradition, ritual and the supernatural, then death in Madrid is disconcertingly real and matter-of-fact. In the village during the wake, Agustina discusses regular sightings of Irene's ghost with no hint of scepticism; death is merely a journey into the afterlife. In Madrid, faced with Paco's corpse, Raimunda quickly mops the floor of his blood, washes the murder weapon and dumps the body in the restaurant freezer. Death in the city is depersonalised, prosaic and an end in itself. To further emphasise this point, the whole episode is quickly expunged from memory when a business opportunity comes Raimunda's way in the form of Emilio's restaurant. Paula even reproaches her mother for not having buried the body weeks after the death.

El renacer, volver

El título de la película no es ninguna **casualidad**. La historia entera está llena de vueltas, de nuevos comienzos y de segundas oportunidades. Para Almodóvar y para las protagonistas, es una vuelta a La Mancha, una vuelta a los orígenes y a la esencia de uno mismo. Para Raimunda, esta historia supone una segunda oportunidad, volver a **sonreír**, a ser feliz, a cambiar a un trabajo que realmente le gusta, volver a cantar y recordar su infancia e incluso volver a ver a su madre y retomar una relación perdida. La película es un **canto** optimista a la vida, a la familia y a las nuevas oportunidades que todo el mundo merece.

la casualidad coincidence, chance

sonreír to smile

el canto song, ode

Many critics regard *Volver* as an introspective film, and a conscious return by Almodóvar to his roots. It is inspired by the environment in which he grew up, with matriarchs, Catholic traditions, secrets and friendships, all taking place within the hostile climate of Castilla-La Mancha. It is also in part a return to the genre of melodrama and a focus on female roles which set the director on the path to success in the 1980s and 1990s. Furthermore, after many years of absence from his films, one of the original and perhaps most emblematic of the 'chicas Almodóvar', Carmen Maura, makes a triumphant return as Irene, and though cast as a ghost with a chequered past, the tone is subtle, hopeful and frequently comic. Almódovar himself asserts that the Spain depicted in *Volver* is spontaneous and fun, with a real sense of community.

La mujer, la maternidad y la familia

luchador(a) tenacious, brave

sobrevivir to survive

tirar del carro to carry the burden

reencontrarse to meet again

Dos de los personajes más importantes de la película son madres. Raimunda, una madre joven y **luchadora**, **sobrevive** ella sola con su hija y dejando atrás muertes y tragedias, **tira del carro** con una dignidad y fuerza increíbles. Irene, su madre, vuelve del pasado para **reencontrarse** con sus hijas, confesar un gran secreto y volver a formar la familia que siempre quiso. Los valores familiares son muy importantes en la película, incluyendo aquí también relaciones de amistad muy cercanas, como Agustina, la vecina que es una parte tan importante de la familia.

la lágrima tear(drop)

Ya desde el principio vemos el respeto y cuidado por los mayores, especialmente de Raimunda hacia la tía Paula, que sale de la casa entre **lágrimas** tras visitarla brevemente, emocionada por reencontrarse con ella.

pizpireto/a flirtatious

Las vecinas del barrio de Vallecas donde vive Raimunda con su hija también nos muestran una convivencia y solidaridad entre vecinas dulce y protectora. No hay más que recordar la escena en la que Raimunda vuelve de la compra para preparar su primera cena para 30 personas cuando se encuentra con Regina, la prostituta cubana y **pizpireta**, a la que pide ayuda y ella no duda. Más tarde Regina también será su cómplice para ayudarle a enterrar el congelador con el cuerpo de Paco.

el embutido cold meat

También su vecina Inés no duda en venderle todos los **embutidos** y dulces que se trajo de su pueblo, en otro ejemplo de amistad altruista.

In a brief but memorable scene following the death of Paco, Raimunda gives insight into the importance of the theme of womanhood in the film. Having hastily mopped Paco's blood from the kitchen floor, she answers the door to Emilio, the restaurant owner. He notices a red smear on her neck and points it out to her. Raimunda quickly replies that it is simply "cosas de mujeres", i.e. she is menstruating. There is a weight of meaning to these simple words. In terms of the plot, Raimunda knows that her reply will elicit no further questions from a clearly embarrassed and uncomfortable Emilio, and as a consequence, she will be able to keep secret Paco's dead body in the kitchen behind her. Secondly, it is an assertion of her feminism, and her confidence in being able to control any threat to her position; women are beyond Emilio's understanding.

Furthermore, Almodóvar is stating that this film is about women and women's issues above all else. All of the main characters, and in fact, almost of all the cast, is female. Among these females are certain iconic actresses, such as Carmen Maura and Penélope Cruz, who have significant presence in Spanish cinema past and present. In her roles as a woman, daughter, mother and friend, Raimunda is undoubtedly the main character in the film, and she certainly wields considerable power over others. She protects her own daughter Paula fearlessly following the death of Paco, her own mother is desperate to rebuild her relationship with her, and she seems to leave the men she encounters, such as the film worker, spellbound by her looks and manner.

Mentiras y secretos

Las mentiras y los secretos son vitalmente importantes en *Volver*. Sin ellos, la trama de la película quedaría obsoleta.

¿Es Irene realmente un fantasma? ¿Qué ha pasado con Paco? ¿Quién es la rusa? ¿Es Raimunda la nueva dueña del restaurante? ¿Quién es el verdadero padre de Paula? Todas estas preguntas se responden **mediante** mentiras, algunas **salen a la luz**, como cuando Raimunda le confiesa a Emilio que se ha quedado con su restaurante, otras permanecen en secreto entre madre e hija, como la muerte de Paco. De hecho, Raimunda miente muy bien, incluso a su propia hermana a la que no solo le esconde el hecho de que Paco está muerto, sino que también inventa una historia que incluye una última visita del hombre a casa. Raimunda no **escatima** en lujo de detalles y reacciona de manera realista y convincente. La propia Paula le ruega a su madre que no mienta más, al quedarse atónita ante su madre que le confiesa que Paco no es su padre biológico. Por otro lado, la vuelta de Irene, muy comentada ya en las primeras escenas de la película, se materializa y nadie la cuestiona, ni ella misma se presenta como un espíritu o fantasma, pero las supersticiones de Sole la hacen seguir pensando que es una aparición. La emoción de tener a su madre de vuelta tiene más fuerza que el sentido común, y sea como sea, lo importante es tenerla de vuelta.

The plot of *Volver* is a labyrinth of secrets and lies. Characters all have their secrets to keep and see no moral issue in telling little white lies for their own benefit. Raimunda and her daughter Paula must keep the death of Paco a secret, and they even enlist other women in the neighbourhood to unwittingly assist in the disposal of his body. Furthermore, Raimunda herself must not let Emilio know that she is successfully running his restaurant in his absence. Irene has for years kept secret the fact that she did not die in the fire which killed her husband, rather it was her that started it. She lives a secret life, confined to Aunt Paula's house until the latter's death. In the final scene, Irene chooses not to tell Agustina that her mother was killed in the fire, instead keeping the matter

Key quotation

Raimunda: Y no me mires así, que me pones nerviosa.

Asistente del equipo del rodaje: Y tú a mí.

Raimunda: Anda, vete a tomarte algo, que estoy trabajando.

mediante by, via
salir a la luz to come to light

escatimar to skimp on

Key quotation

Raimunda: ¿Hay más cosas que yo debería saber y que no sé?

Sole: Mogollón.

to herself and letting Agustina die peacefully. Both Raimunda and her mother also keep another tragic secret: that Paula was conceived following the rape of Raimunda by her father. Even Sole, perhaps a less complex character, keeps her hairdressing business secret from the authorities, and does not initially tell Raimunda that their mother has returned. At one point, conversation between Sole and Raimunda becomes almost farcical as the former speaks about their mother as the Russian lady who is helping out as a hairdressing assistant, and the latter mentions that her deceased partner has left her following a heated argument, but is returning to perhaps try and patch things up. It is most striking that despite all this deceit and complexity, the characters generally appear positive, in control and their bonds strong.

▲ Raimunda se inventa una excusa para no ir al funeral de la tía Paula (fotograma de la película)

1 Busca un sinónimo para las siguientes palabras o expresiones. Las respuestas aparecen en el orden del texto.
   1 una protagonista querida
   2 un suceso purificador
   3 ha provocado
   4 muy perjudiciales
   5 habladurías
   6 totalmente distinto
   7 el instante crítico
   8 acordarse de su niñez
   9 se encarga de todo el trabajo
   10 llorando

2 Ahora busca un antónimo para las siguientes palabras o expresiones.
   1 salen del poblado
   2 una región lluviosa
   3 opresora
   4 exhumar
   5 egoísta
   6 quedan escondidas

3 Lee las ocho frases y escoge las cinco que son correctas según el sentido del texto.
   1 Las hermanas del director aparecen en la película como protagonistas secundarias.
   2 Las turbinas eólicas no son tan altas como los molinos tradicionales.
   3 Antes de Madrid, Toledo era la capital de España.
   4 A la vez las mujeres del barrio de Madrid y las del pueblo son fuertes y solidarias.
   5 Hay cada vez más inundaciones en Castilla-La Mancha.
   6 El entierro de la tía Paula es muy tradicional.
   7 Carmen Maura era sinónima del cine de Almodóvar.
   8 El engaño es muy común entre las protagonistas.

4 Haz una comparación entre Madrid y el pueblo ficticio de Alcanfor de las Infantas en la película. ¿Cómo se diferencian?

5 ¿Por qué se puede describir el viento como protagonista en la película?

6 Describe en tus propias palabras el funeral de la tía Paula y las costumbres que hay.

7 Explica el significado del título *Volver* para el director.

8 ¿Cómo son las mujeres del barrio de Vallecas?

9   'Cosas de mujeres'. ¿Qué significa esta respuesta de Raimunda en tu opinión?

10   ¿Cómo reaccionan ciertos hombres en la presencia de Raimunda?

11   Menciona los secretos que esconden las siguientes protagonistas:
     ◣ Raimunda
     ◣ Irene
     ◣ Sole

Temas

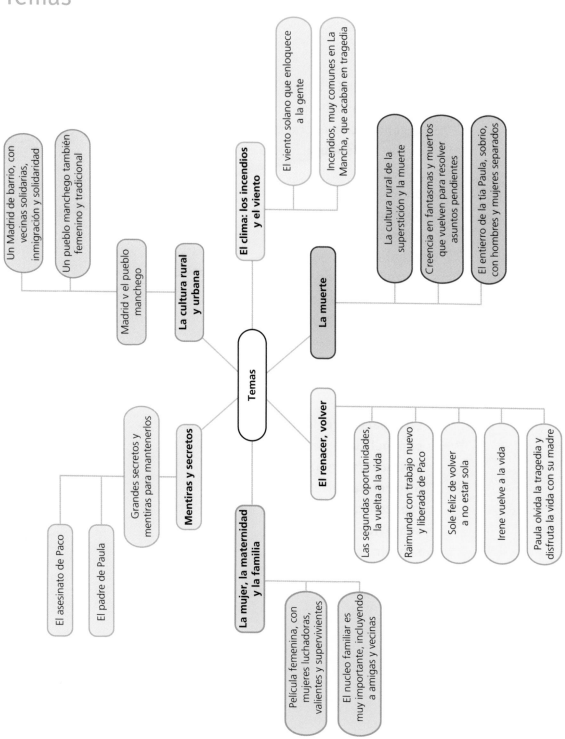

Un Madrid de barrio, con vecinas solidarias, inmigración y solidaridad

Un pueblo manchego también femenino y tradicional

Madrid y el pueblo manchego

La cultura rural y urbana

El viento solano que enloquece a la gente

Incendios, muy comunes en La Mancha, que acaban en tragedia

El clima: los incendios y el viento

La cultura rural de la superstición y la muerte

Creencia en fantasmas y muertos que vuelven para resolver asuntos pendientes

El entierro de la tía Paula, sobrio, con hombres y mujeres separados

La muerte

Temas

Grandes secretos y mentiras para mantenerlos

El asesinato de Paco

El padre de Paula

Mentiras y secretos

El renacer, volver

Las segundas oportunidades, la vuelta a la vida

Raimunda con trabajo nuevo y liberada de Paco

Sole feliz de volver a no estar sola

Irene vuelve a la vida

Paula olvida la tragedia y disfruta la vida con su madre

La mujer, la maternidad y la familia

Película femenina, con mujeres luchadoras, valientes y supervivientes

El nucleo familiar es muy importante, incluyendo a amigas y vecinas

43

Vocabulario

álgido/a decisive, pivotal

el asunto matter, issue

el canto song, ode

la casualidad coincidence, chance

catártico/a cathartic, therapeutic

la concienciación raising awareness

el cortejo fúnebre funeral cortège

el cotilleo gossip

dañino/a harmful

dar lugar a to give rise to

el embutido cold meat

el entierro burial

entrañable fond, dear

la escenografía setting

estremecer a alguien to make someone tremble/shudder

la lágrima tear(drop)

liberador(a) liberating

luchador(a) tenacious, brave

natal of birth

el/la paisano/a fellow countryman/woman

el papel clave key role

pasmoso/a amazing, astonishing

pizpireto/a flirtatious

reencontrarse to meet again

sobrevivir to survive

sonreír to smile

tirar del carro to carry the burden

la turbina eólica wind turbine

Raimunda

▲ Frecuentemente se puede ver a Raimunda con los ojos brillantes a punto de llorar (fotograma de la película)

Raimunda es una mujer que a pesar de ser joven, ha sufrido mucho en su vida y esconde secretos. Al secreto sobre quién es el verdadero padre de su hija Paula, se le suma el de esconder el cuerpo sin vida de Paco, y encubrir a su hija que lo mató en defensa propia. Raimunda es vital, enérgica y fuerte, y disfruta cuando vuelve a su pueblo natal a visitar a su tía Paula y a la vecina Agustina. Es una mujer sentimental, y frecuentemente se la puede ver con los ojos brillantes a punto de llorar. Como contraste a su hermana, ella sí cree que su padre y su madre se querían mucho y que murieron **abrazados**. Para Raimunda, su hija es lo más importante, y la **protege** ante todos y todo lo que venga. Es **emprendedora** y no duda en quedarse con el restaurante del barrio y empezar una nueva vida, justo cuando todo se había torcido y todo eran malas noticias. Para Raimunda, "volver" significa volver a empezar, a cambiar de trabajo, a tener **ilusión por la vida** e incluso a encontrar otro amor.

abrazar to hug, to embrace

proteger to protect

emprendedor(a) enterprising

ilusión por la vida lust for life

Raimunda is the classic 'strong woman' portrayed in the melodramas of mid to late twentieth-century cinema, impressively balancing her responsibilities as a working-class mother and undervalued partner while carrying the burden of tragedies past and present. Her energy and independence is inspirational, and makes her character a role model for women of any era. She has several

Key quotation

Raimunda: Paula, recuerda que fui yo quien lo mató, y que tú no lo viste porque estabas en la calle. Es muy importante que recuerdes eso.

Build critical skills

1 El papel de Raimunda es central en la película y Penélope Cruz se lo preparó intensivamente. Su apariencia física es muy importante y ella es muy diferente al resto de personajes femeninos de la película. Describe a Raimunda y menciona detalles sobre su físico.

abandonar to leave

peluquería hairdressing salon

la vuelta return

encantado/a delighted

TASK

Investiga sobre la película *Bellissima*. Haz una lista de similitudes con *Volver*.

admirers but does not reciprocate their interest in any way. In fact, she does not appear interested in a relationship at all. At certain points in the film Raimunda displays a fieriness, yet she is not stubborn. For example, when she storms out of the house upon discovering her mother under the bed, she quickly reflects on her actions, calms down and decides to return and face the situation. Similarly, following a row with her sister about Aunt Paula's suitcase, she later apologises and regrets her actions. Raimunda's forgiving nature is also apparent when she begins to rebuild her relationship with her mother after carefully listening to her explanations, and she does not even appear to harbour hatred for Paco, burying him in a place that was special to him.

Penélope Cruz received considerable praise from film critics for her depiction of Raimunda, and Almodóvar undoubtedly knew how to use her to bring the character to life. In the mould of Italian neo-realist characters played by actresses such as Sophia Lauren, Claudia Cardinale and Anna Magnani (who Raimunda's mother watches avidly in the black-and-white film *Bellissima* during the final scene), Cruz portrays a classic Mediterranean beauty, with dark hair, large dark eyes and an expression full of contradictions: effortlessly desirable, vulnerable yet determined, convivial but single-minded. Raimunda's friend Regina, when celebrating the success of the party they throw for the film crew, observes: "Oye, con tu escote y mis mojitos podemos hacernos de oro."

Almodóvar sought to dress Cruz in timeless garments which accentuated this sort of femininity, and even gave her a fake bottom to wear throughout the film. As if to emphasise the importance of Raimunda's image, the end credits, as well as the promotional materials for the film, feature prominently the patterns and colours of Raimunda's clothes.

Soledad

Sole es la hermana mayor de Raimunda. También vive en Madrid, y lleva varios años separada después de que su marido la **abandonara**. Está muy sola y es más tímida y reservada que Raimunda. Tiene una **peluquería** ilegal en su propia casa y vive de ello. Soledad realmente necesitaba compañía y la

▲ Sole: la hermana mayor de Raimunda

visita de su madre le viene muy bien para no sentirse sola, aunque ella crea que es un fantasma. Quizás sea su soledad lo que la hace aceptar **la vuelta** de su madre sin cuestionar nada más. Sea un espíritu, real o irreal, ella está **encantada** con volver a ver a su madre y tenerla cerca.

'Soledad' ('Solitude') is undoubtedly a name carefully chosen by the director. Quiet, unassuming, and initially unremarkable, Sole's character contrasts sharply with that of many other characters in the film. Aunt Paula, suffering from dementia, initially recognises Raimunda but not her, and later refers to her rather expressionless face: "¡Que cara de sota tiene la Sole!" We learn that her husband left her 2 years earlier, and she is shy and occasionally fearful of social occasions, as exemplified by her sense of dread at the thought of going to Aunt Paula's funeral without Raimunda. Nevertheless, Sole's character is more profound than it may appear, with various moments suggesting that she can be an insightful and resourceful woman. In Aunt Paula's house, she sniffs the exercise bike and suspects that there is something odd about it. She runs a reasonably successful hairdressing business, and is certainly an adept liar, concocting a plan to hide the presence of her mother which involves telling both her clients and her own sister that her assistant is a poor Russian lady. In scenes such as this, and in her frank conversations with her mother's 'ghost', it is clear that Sole is, rather unexpectedly, a source of much humour in the film.

Key quotation

Sole: Mamá… Hay algo que quieres que yo haga… ¿no?

Paula

Paula es la hija adolescente de Raimunda. Vive en un piso pequeño en el barrio madrileño de Vallecas, y al principio aparece como la típica adolescente, obsesionada con su móvil. Después de un terrible **suceso** con su padre Paco, de quién **descubriremos** más tarde no ser el padre biológico de la chica, y esta confesarle todo a su madre, el **vínculo** entre ellas se hace más fuerte. Ayuda a su madre en todo lo que puede en el restaurante y es **cómplice** de su madre al esconder el cuerpo de Paco en el frigorífico.

▲ Paula — hija adolescente de Raimunda

suceso event, episode
descubirir to discover, to find out
el vínculo bond

el/la cómplice accomplice, accessory

Paula's priorities at the start of the film are stereotypical of a teenager. She moans at having no credit on her mobile phone, has a slightly fractious demeanour and is mildly reluctant to help out or engage in conversation with her family. Nevertheless, this 'generation gap' issue is portrayed as part of the typical, everyday family dynamic. The dramatic turning point, where Paula is thrust into the adult world in a terrifying manner, occurs when her stepfather tries to rape her and she resists by fatally stabbing him. As well as overcoming the emotional trauma (as her mother also once had to do), Paula also has to assume more responsibility, firstly by helping to remove the body, and then playing a more active role in supporting her mother. Her blossoming maturity is seen in the close relationship she forms with her grandmother's 'ghost', and in her strong moral code.

Key quotation

Paula: De pronto papá se me echó encima… estaba borracho…

47

Agustina

Agustina representa lo mejor del **vecindario**. Es una mujer **solidaria**, **entregada** y totalmente **altruista**. Cada día se pregunta dónde estará su madre, a la que cree desaparecida, y vive sola en la casa de enfrente de la tía Paula, en el pueblo manchego. Tras la muerte de la tía Paula, ella organiza todo y hace el **velatorio** en su propia casa. Su **bondad** e ingenuidad la harán aparecer en un programa de televisión para contar la desaparición de su madre y hablar sobre su cáncer, de lo que **se arrepiente** inmediatamente y abandona **el plató**.

Agustina, al igual que el resto del vecindario, es supersticiosa y cree que los muertos pueden aparecerse, lo que cuenta con normalidad. Nunca pide nada a cambio a las hermanas por su ayuda, solo cuando sospecha sobre la **desaparición** de su madre, le pide a Raimunda que la ayude en su visita al hospital.

▲ Agustina en una mecedora en el patio de su casa

Pedro Almodóvar, a native of Castilla-La Mancha, uses Agustina to portray many of the manners and qualities deemed typical of a person from a village in the region. She kisses repeatedly and loudly on the cheek to greet and say farewell, is caring and attentive, and works tirelessly on behalf of others, to the point where she appears almost saint-like, given that her favours are rarely reciprocated. Raimunda treats Agustina almost as a sister, and is even particularly blunt to her on a number of occasions, affirming that she does not have the time to speak to her.

Agustina develops a terminal illness that makes her increasingly desperate to find out why her mother disappeared. She pleads with Raimunda on more than one occasion to ask her mother's ghost if she can cast any light on what happened. Though this may seem far-fetched, superstition is woven into the fabric of this society. Nevertheless, Agustina is also a funny character, proud of her mother being "la única hippie del pueblo" with her jewellery made from "un plástico buenísimo" and offering Raimunda, Sole and Paula a joint using marijuana that she grows herself.

Irene

Ella es la madre de Raimunda y Soledad. Según **la historia** que todo el pueblo cree, murió en un incendio **junto a** su marido, pero realmente estaba escondida en casa de la tía Paula, y la cuidó hasta su muerte. Su vuelta, que da nombre a la película, **supone** un cambio radical para Soledad, pero al principio no para Raimunda, quien **desconoce** que ahora ella vive con Sole. Primero **se hará pasar** por una inmigrante rusa, y al final confesará el porqué de su situación. Irene guarda un gran secreto, al igual que su hija Raimunda, de la que **se distanció** en vida hasta llegar a casi ni hablarse. Irene **confía plenamente** en su hija Sole, pero tiene miedo de ser rechazada por Raimunda, de la que se esconde toda la película.

▲ Irene, madre de Raimunda y Sole, escondida debajo de una cama (fotograma de la película)

la historia story

junto a together with, next to

suponer to suppose, to mean

desconocer to be unaware

hacerse pasar to pretend to be

distanciarse to grow apart from

confiar plenamente to fully trust

Irene's past is a source of great melodrama. Having killed her husband and his lover in a fire, and having failed to notice her daughter being abused, Irene has lost her role as a matriarch. Instead, her skills have only been able to serve her sister Paula, although as the film progresses, she is gradually able to reassert herself as a mother. Hidden in Sole's car, Irene cries when she hears her estranged daughter Raimunda singing, as if mourning lost time. Nevertheless, she shares her daughters' positive and enterprising natures, adapting well to playing a Russian immigrant working for Sole, and providing wisdom, through both short statements and soliloquy. She strikes up a warm relationship with her granddaughter Paula, and in the final scene, she appears noble and selfless, helping Agustina in her dying days, and most significantly, resurrecting her relationship with Raimunda. It is also noteworthy that although a ghostly figure for much of the film, the director does not portray Irene with any sense of despondency or helplessness; on the contrary, she is a key part of some of the funniest moments, such as when she appears in the boot of Sole's car, and she always fills scenes with her natural energy.

Key quotation

Irene: No me digas eso Raimunda, que me pongo a llorar… y los fantasmas no lloran.

La tía Paula

▲ La tía Paula recibiendo a sus sobrinas en su casa de pueblo manchego (fotograma de la película)

el homenaje homage

torpe clumsy

adentrarse to penetrate, to go in to

el maceta potted plant

tener cuidado to take care

Key quotation

Tía Paula: Vuestra madre se ha puesto tan contenta. ¿Habéis fregoteao bien la lápida? A ella le gusta que esté bien limpia. Si pudiera, ella misma la limpiaría. Pero claro, ella no puede.

Aunque no aparece mucho en la película, el papel de la tía Paula es esencial para entender la relación entre los personajes. El propio Almodóvar ha admitido varias veces que este personaje está basado en los últimos años de vida de su madre, y que es un **homenaje** a ella. Paula es mayor y **torpe**, y en su encuentro con sus sobrinas, parece solo recordar a Raimunda, a la que adora y da besos sin parar al verla, muy al estilo de La Mancha. Con la tía Paula el espectador **se adentra** en una casa típicamente manchega, con cortinas de rayas, un patio con **macetas**, gastronomía típica como las rosquillas, el pisto y los barquillos, y esa forma de hablar tan característica con diminutivos cariñosos. Al final de su memorable escena en la película, les recuerda a sus sobrinas que **tengan cuidado** en su viaje al decirles " … ¡y que tengáis cuidaico!"

Although Aunt Paula is clearly deteriorating both physically and mentally, she appears to be a remarkable woman, living quite independently and still cooking complicated dishes. She refers to Irene in the present tense, but it is not until much later in the film that the viewer realises that the hand of her sister has been dictating the household all along. A typical Manchegan funeral follows Paula's death, with lots of praying through the night, and the men and women kept apart. Warm, cheery and with a slightly acerbic side, Aunt Paula gives no indication of the family turmoil she has experienced.

Paco

> Paco es un **personaje secundario,** pero el personaje masculino que más aparece en la película, a pesar de salir solo unos minutos al principio. Es el marido de Raimunda, y tras perder su trabajo parece muy **apático** en casa, viendo el fútbol y sin muchas **ganas** de buscar un trabajo nuevo. Raimunda no está nada contenta con él, y en realidad, no le gusta su vida tal cual es. Paco **no le quita el ojo de encima** a Paula, y tras encontrarse con la muerte cuando trata de violar a Paula, Paco se convertirá en un horrible secreto que solo Raimunda y Paula conocen y esconden durante toda la película.

el personaje secundario minor character

apático/a lethargic, listless

las ganas will, urge

no quitar el ojo de encima to watch closely, to stare at

Almodóvar is principally associated with vivid and complex depictions of female characters, and *Volver* continues this trend. Paco is a straightforward male, driven by base instincts. He drinks excessively at home while watching the football. He leers at his teenage stepdaughter, Paula, and, unable to satisfy his sexual desires with a preoccupied Raimunda, he masturbates openly in her presence. Though we do not witness it, his sexual attack on Paula is not unexpected, and his subsequent death at her hands is not mourned. Paco will spend much of the remainder of the film in a deep freeze, though he is ultimately given a burial of sorts, and a memorial in the form of his name carved into the tree overlooking his burial place. It is noteworthy that Paco's death leads to a change in fortune for the women: Raimunda's restaurant opportunity, the return of Irene and the potential for closer family bonds.

Key quotation

Paco: No me vuelvas a llamar pesao.

GRADE BOOSTER

```
The female characters in Volver — particularly
Raimunda — are multifaceted, and as such, when
describing them it is important to use a range of
appropriate adjectives. Avoid reductive or simplistic
words, and for those you do wish to use, learn them
carefully and make sure you provide examples to
justify your choice.
```

Lee las descripciones de los personajes de la película, luego contesta a las preguntas en español.

1 ¿Qué secretos esconde Raimunda?

En primer lugar, la hija de Raimunda no sabe…

Además, con respecto a Paco…

2 ¿Cómo sabemos que Raimunda es una mujer emprendedora?

Cuando está al borde de la ruina…

3 ¿Por qué se puede decir que Raimunda es un modelo a seguir?

Es evidente que Raimunda es…

4 ¿Cómo es una mujer mediterránea físicamente y de carácter?

Físicamente, este tipo de mujer es…

En cuanto a su carácter…

5 ¿Por qué es apto el nombre 'Soledad' para este personaje en la película?

Es innegable que Soledad es una persona…

Cuando su madre aparece…

6 ¿Cómo sabemos que Sole tiene un carácter más profundo de lo que parece al principio?

Hay varias razones, por ejemplo…

7 ¿Cómo se comporta Paula en las primeras escenas de la película?

Es manifiesto que Paula es…

8 ¿Cómo madura Paula a lo largo de la película?

Después de la muerte de Paco, Paula tiene que…

Se nota que se hace una chica más…

9 ¿Cómo representa Agustina una mujer típica de Castilla-La Mancha?

Agustina tiene varias cualidades…

Se comporta de manera…

10 ¿Cómo se manifiesta la superstición de Agustina?

Se sabe que Agustina es una mujer supersticiosa porque…

11 ¿Por qué existe una mala relación entre Irene y Raimunda?

Trágicamente, Irene no se dio cuenta de que…

12 Comenta la situación de Irene al final de la película.

Irene decide ayudar a…

Además con Raimunda…

13 ¿Por qué es posible decir que la tía Paula es una anciana típica de Castilla-La Mancha?

Primero, el director…

También, se nota que en su casa…

14 ¿Cómo se comporta Paco en casa?

Al parecer, Paco es un hombre…

Personajes

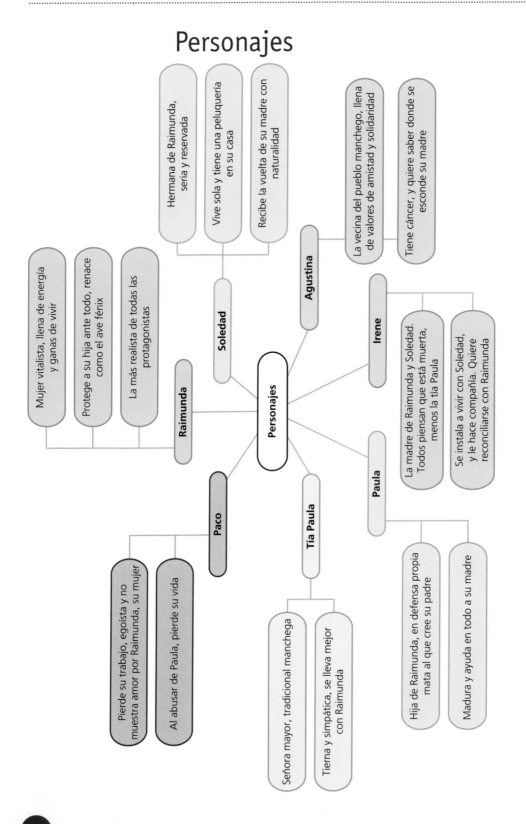

Personajes

Raimunda
- Mujer vitalista, llena de energía y ganas de vivir
- Protege a su hija ante todo, renace como el ave fénix
- La más realista de todas las protagonistas

Soledad
- Hermana de Raimunda, seria y reservada
- Vive sola y tiene una peluquería en su casa
- Recibe la vuelta de su madre con naturalidad

Agustina
- La vecina del pueblo manchego, llena de valores de amistad y solidaridad
- Tiene cáncer, y quiere saber donde se esconde su madre

Irene
- La madre de Raimunda y Soledad. Todos piensan que está muerta, menos la tía Paula
- Se instala a vivir con Soledad, y le hace compañia. Quiere reconciliarse con Raimunda

Paula
- Hija de Raimunda, en defensa propia mata al que cree su padre
- Madura y ayuda en todo a su madre

Tía Paula
- Señora mayor, tradicional manchega
- Tierna y simpática, se lleva mejor con Raimunda

Paco
- Pierde su trabajo, egoísta y no muestra amor por Raimunda, su mujer
- Al abusar de Paula, pierde su vida

Vocabulario

abandonar to leave

abrazar to hug, to embrace

adentrarse to penetrate, to go in to

altruista altruistic, selfless

apático/a lethargic, listless

arrepentirse to regret

la bondad goodness, kindness

el/la cómplice accomplice, accessory

confiar plenamente to trust fully

la desaparición disappearance

desconocer to be unaware

distanciarse to grow apart from

emprendedor(a) enterprising

encantado/a delighted

entregado/a dedicated

las ganas will, urge

hacer pasar to pretend to be

la historia story

el homenaje homage

la ilusión por la vida lust for life

junto a together with, next to

la maceta potted plant

no quitar el ojo de encima to watch closely, to stare at

la peluqueria hairdressing salon

el personaje secundario minor character

el plató set, stage

proteger to protect

solidario/a supportive

el suceso event, episode

suponer to suppose, to mean

tener cuidado to take care

torpe clumsy

el vecindario neighbourhood

el velatorio wake (funeral)

el vínculo bond

la vuelta return

The films of Pedro Almodóvar

▲ Pedro Almodóvar at work

TASK

1 Investiga sobre la carrera de Pedro Almodóvar en sus inicios al mudarse a Madrid de joven.

dictatorship la dictadura

aesthetics (*the philosophy of art and beauty*) la estética

ambiguous (*open to interpretation*) ambiguo/a

introspective (*looking within oneself*) introspectivo/a

matriarch (*the female head of a family*) la matriarca

œuvre (*the works of the director, viewed as a whole*) la obra

In the 1980s, Madrid experienced a rapid, creative cultural revolution, known as the 'Movida Madrileña'. After decades of repression under the **dictatorship** of Francisco Franco, a youthful rebellion swept through the capital, seeking greater freedom of expression. It influenced music, film and literature, and the young Pedro Almodóvar became deeply involved in the movement, forming his own film company, El Deseo, in 1985.

From his first, provocative feature film, *Pepi, Luci, Bom y otras chicas del montón* (1980) to his most recent, *Julieta* (2016), memorable female characters frequently take centre stage, as well as an emphasis on **aesthetics**, especially colour, fashion and innovative cinematic technique. Over the course of his career, Almodóvar's style has matured, and although his films have retained the capacity to shock audiences, they have evolved into thought-provoking stories about complex and **ambiguous** characters, as seen in *Hable con ella*, *Volver* and *Julieta*.

Many critics regard *Volver* as an **introspective** film and a conscious return by Almodóvar to his roots. It is inspired by the environment in which he grew up, with **matriarchs**, Catholic traditions, secrets and friendships, all taking place within the harsh climate of Castilla-La Mancha. In part, it evokes previous films of his **oeuvre**, such as *La flor de mi secreto*, *Mujeres al borde de un ataque de nervios* and *Todo sobre mi madre*. Though a work of melodrama, it does not possess the overt scandal of certain earlier films, which sought to test the boundaries of a post-Franco Spain, and it has many moments of great humour.

Build critical skills

1 En la escena de apertura de la película, el movimiento de la cámara va de derecha a izquierda en lugar de ir de izquierda a derecha, como es más habitual. ¿Por qué piensas que Almodóvar lo hizo así?

Colour and style

Red is undoubtedly the prominent colour in the films of Almodóvar, and the director himself suggests that red creates a tension and focal point that no other colour is capable of doing. In the opening scene **tracking** shot, the credits appear in a striking tone of red among the gravestones of a cemetery in Castilla-La Mancha. Sole, Raimunda and Paula depart in a red estate car, at various points, Raimunda wears a bright red cardigan, plump tomatoes and red peppers are chopped vigorously in **close-up** shots, and a knife is also responsible for the most striking splash of red when it is used to fatally stab Paco. As Raimunda cleans up the blood, the vivid red colour blots through the white paper towel, and some even smears across her neck. In the final scene, the red of Raimunda's cardigan contrasts with the calming blue of Irene's as the two embrace. The arresting sight and timing of such visual flourishes make them a conscious and powerful cinematic technique. Nevertheless, given that much of *Volver* is set in Castilla-La Mancha, a more restrained palette is required at times, and this is evident in Aunt Paula's house, where only the striped curtains characteristic of La Mancha break the sober tones of the room.

Raimunda is the stand-out symbol of femininity in *Volver*. Almodóvar was eager to cast Penélope Cruz in the role, and was meticulous in the creation of her image for the film, in terms of costume, jewellery, hair and make-up. The size of Raimunda's bosom is remarked upon by her mother, her friend Regina, and by the director himself in interview. In the kitchen, there is a powerful, iconic **overhead shot**, containing, from left to right, a sink full of dishes, Raimunda's hands washing a sharp knife, and her breasts with a religious pendant in view. Almodóvar also asked Cruz to wear a fake bottom to bring her even closer to the Mediterranean ideal of beauty and strength. Similarly, there are many close-ups of her shoes in the film, to the point of **fetishism**. To further emphasise the importance of Raimunda and her femininity, the striking patterns on some of the clothes she wears appear in the end credits, and her face appears on the promotional posters for the film, with a flower in her hair and the flowers that adorn her clothing in the background, all framed by a bright red border. It is often said that one of Almódovar's great qualities as a director is his eye for the aesthetic, and it has also been noted that many of his films contain scenes which mirror particular works of art.

> **TASK**
>
> **2** Mira alguna de las películas de Almodóvar que se mencionan y compárala con *Volver* con respecto a las técnicas cinematográficas y referencias.

tracking shot (*fluid movement of the camera, left to right, right to left or up and down*) el travelling

close-up el primer plano

> **TASK**
>
> **3** Busca información en Internet sobre la recreación y réplicas de obras de arte famosas en las películas de Almodóvar.

overhead shot el plano cenital

fetishism (*the compulsive use of an object for sexual gratification*) el fetichismo

▲ Almodóvar was eager to cast Penélope Cruz in the role of Raimunda (left), and was meticulous in the creation of her image in terms of costume, jewellery, hair and make-up (film still)

melodrama (*a story that purposely exaggerates human emotion and emphasises plot, originating from the Greek melos (song) and drame (drama)*) el melodrama

soliloquy (*a dramatic speech in which the character reveals their innermost thoughts*) el soliloquio

magic realism el realismo mágico

Melodrama and magic realism

Melodrama

Almodóvar's most recent films are more complex and ambiguous than his earlier works. *Volver* possesses many of the characteristics of **melodrama**, and the director makes explicit reference to this genre in the final scene of the film, when Irene enjoys the black and white Italian melodrama *Bellissima* on the television. He also suggests in interview that Penélope Cruz evokes Sophia Loren, and the roles Loren played in her earlier films were of women who were alternately strong yet vulnerable, desirable, yet often cold and distant. Raimunda certainly displays these characteristics in the turbulent life she leads. To further underline the relevance of melodrama to the story, we hear Raimunda singing passionately in the restaurant, and Irene delivering an emotional **soliloquy** on her return to her family.

Magic realism

Magic realism is a style primarily associated with Latin American literature that introduces fantastic elements into otherwise realistic environments. The sudden appearance of magic realism can jolt the reader or viewer, who may find it difficult to reconcile an unrealistic and unexpected event with the environment in which the narrative takes place. European magic realism tends to be more restrained than that seen in Latin American works. The clearest example of magic realism in *Volver* involves Irene's ghost. The inhabitants of Alcanfor de las Infantas are superstitious, and confirm sightings of Irene's ghost without any great sense of surprise or skepticism. Agustina and Sole similarly accept Irene's spirit into their lives, and even when it is discovered that it is not Irene's ghost that has returned, but rather the woman herself, Raimunda accepts the turn of events with level-headedness and ultimately, positivity for the future.

▲ Pedro Almodóvar on set with the four main characters

Another example of deliberate implausibility within a realistic context is Raimunda's resilience. She appears to carry burdens so great that they could crush her spirit and turn drama into tragedy. Nevertheless, her strength is such that she is capable of feats beyond anything of the real world. On hearing that her daughter has murdered Paco in self-defence following an attempted rape, she quickly assumes responsibility, cleans the house, hides the body, deflects the inquiries of local restaurant owner Emilio, and even takes on a catering contract, which she fulfils with repeated success.

Comedy and farce

Almodóvar refers to *Volver* as 'dramatic comedy' and '**surreal naturalism**'. The introduction of a ghost to the plot clashes with the serious moments of drama in the film, and what results is, at times, very funny. Irene is involved in much of the **farcical** comedy in the film, as we witness her ghost trapped and impatient in the boot of a car, later hiding under the bed, and even pretending to be a Russian lady helping to wash hair. Sole and Raimunda find strength and solidarity in humour, as they giggle together at the unpleasant smell in the bedroom, synonymous with their late mother's flatulence. Other comic scenes are subtler and observational, such as Agustina's appearance on a crass reality television show in an attempt to find her mother.

Key quotation

Sole: Mi madre ha muerto. De ser, serás su fantasma o su espíritu.

Irene: ... lo que tú quieras, pero sácame de aquí.

surreal (*dream-like, relating to the irrational juxtapositioning of images*) surrealista

naturalism (*accurate depiction of reality*) el naturalismo

farce (*comedy based on unlikely or far-fetched situations*) la farsa

Key quotation

Raimunda: ¡Uy, qué olor a pedo!

mise-en-scène (*the arrangement of the scenery, props and actors during a particular scene*)
la escenografía

motif (*a dominant or recurring idea in a film*)
el motivo recurrente

imagery (*visual symbolism*)
la imaginería

Build critical skills

2 Cuando veas la película, toma notas sobre cualquier referencia explícita a La Mancha, ya sea en diálogos o en una imagen en particular.

TASK

6 Usa Internet para encontrar y escuchar la versión de la canción "Volver" de Estrella Morente. Busca la letra e intenta traducirla al inglés.

Castilla-La Mancha and the *mise-en-scène*

Volver is without doubt the most 'Manchegan' of all Almodóvar's films, and whereas in some of his films the region has an anecdotal presence, here it is a central theme. **Motifs** and **imagery** pertaining to La Mancha appear in all scenes. On the approach to the region, wind turbines appear like giants on the horizon; a modern take on the famous windmills depicted in the Golden Age novel *Don Quixote*. The east wind disturbs everything that may cross its path, such as the graves that the ladies clean in vain.

The wake for Aunt Paula's funeral is a carefully crafted *mise-en scène* which aims to make it a uniquely Manchegan occasion. Sole enters the house and the camera pans around the room, mimicking the movement of her eyes. We see austere décor: tiled walls, plants, wooden furnishings. At one particular moment, the scene is shot from above to allow the viewer to see the traditions in full detail. The old ladies in attendance, dressed in black and wafting their fans, swarm around Sole, offering condolences with loud kisses and robust embraces, with the low hum of prayer in the background.

Despite moments of striking camera work, Almodóvar is much more restrained than in many of his previous films. Often, we observe the characters with close-up shots that urge us to listen to what they are saying and feel their emotions. Similarly, the soundtrack, composed and arranged by Alberto Iglesias, is restrained, with Hitchcock-style strings for the dramatic scenes and softer notes for Irene's emotional return. This is complemented by the flamenco-style adaptation of 'Volver' by Estrella Morente.

Build critical skills

3 ¿Por qué crees que Almodóvar hace que sus personajes hablen por teléfono en sus películas?

1a Empareja estos términos con sus definiciones.

1 el travelling
2 el primer plano
3 el vestuario
4 el plano cenital
5 los créditos
6 el soliloquio
7 el melodrama
8 la escenografía

a conjunto de trajes para una representación escénica

b obra que exagera los momentos dramáticos de la película para conmover al público

c conjunto de nombres de las personas que han colaborado en la creación de una película

d encuadre de una figura humana cuando el rostro del actor suele llenar la pantalla

e conjunto de objetos, efectos de iluminación, artilugios mecánicos y el decorado que representan el lugar de la acción

f el punto de vista de una cámara que se encuentra perpendicular respecto del suelo y la imagen obtenida ofrece un campo de visión orientado de arriba a abajo

g monólogo de un personaje de la película

h técnica que consiste en seguir el objeto con una cámara móvil

1b Para cada término, intenta dar un ejemplo de cómo el director lo usa en la película. ¿Para qué sirve cada uno?

2 Completa las siguientes frases sobre la cinematografía de la película con la forma correcta del verbo en paréntesis.

◥ El director ha .... (decir) que en esta película, ha .... (volver) a su infancia en Castilla-La Mancha.

◥ Recientemente, Almodóvar .... (sugerir) que el color rojo .... (tener) un papel muy importante en la película.

◥ Hoy en día, muchos críticos no .... (creer) que *Volver* .... (ser) tan escandalosa como sus películas de los años ochenta.

◥ Para .... (entender) mejor la película, ... (haber) que ver *La flor de mi secreto*.

◥ Si Almodóvar no .... (haber) incluido un fantasma, *Volver* no .... (haber) sido tan graciosa.

◥ Anoche .... (ver) una entrevista con Penélope Cruz. Ojalá que su próxima película .... (tener) éxito.

3 Da tres ejemplos del uso del color rojo en *Volver*. En tu opinión, ¿para qué sirve el uso de este color?

4 ¿Por qué escoge el director un plano cenital cuando Raimunda friega los platos en la cocina?

5   Comenta el estilo de Raimunda en la película. ¿Qué tipo de mujer quiere retratar el director?

6   Da dos ejemplos de episodios en la película que parecen inverosímiles.

7   ¿Por qué es posible considerar a Irene como un personaje cómico?

8   Describe cómo el director representa el velatorio de la tía Paula.

Técnicas del director

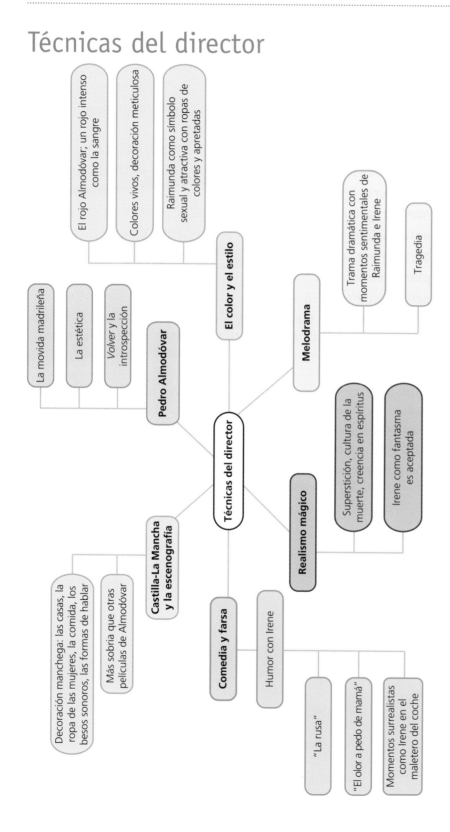

Vocabulario

ambiguo/a ambiguous (open to interpretation)

la dictadura dictatorship

la escenografía *mise-en-scène* (the arrangement of the scenery, props and actors during a particular scene)

la estética aesthetics (the philosophy of art and beauty)

la farsa farce (comedy based on unlikely or far-fetched situations)

la imaginería imagery (visual symbolism)

la matriarca matriarch (the female head of a family)

el naturalismo naturalism (accurate depiction of reality)

la obra œuvre (the works of the director, viewed as a whole)

el plano cenital overhead shot

el primer plano close-up

el realismo mágico magic realism (an artistic technique in which realistic narrative is combined with an acceptance of magic in the natural world; it is frequently, but not exclusively, linked to Latin American writing)

el soliloquio soliloquy (a dramatic speech in which the character reveals their innermost thoughts)

surrealista surreal (dream-like, relating to the irrational juxtapositioning of images)

el travelling tracking shot (fluid movement of the camera, left to right, right to left or up and down)

Cómo planear tu ensayo

Planning is an important part of your examination time. As a rough guide you should spend about 10 minutes planning your essay, 50 minutes writing it and 5 minutes checking it.

A well-planned essay makes points clearly and logically so that the examiner can follow your argument. It is important to take time to devise a plan before you start writing. This avoids a rambling account or retelling the story of the work you are writing about. The following points may help you to plan your essay well:

- Read the essay question carefully. Make sure you have understood what you are being asked to do rather than focusing on the general topic.
- From the outset it is sensible to plan your essay in the target language. This will prevent you writing ideas that you are not able to express in the target language.
- Focus on the key words. For example, you may be asked to analyse, evaluate, explore, explain. Look for important key words such as *de qué manera*, *por qué, cómo*.
- Select the main point you want to make in your essay and then break this down into sub-sections. Choose relevant information only. Avoid writing an all-inclusive account which occasionally touches on the essay title.
- Decide on the order of the main ideas which become separate paragraphs. Note down linking words or phrases you can use between paragraphs to make your essay flow as a coherent and logical argument.
- Select one or two relevant and concise quotations which you can use to illustrate some of the points you make.
- Think about the word count for the essay. The examination boards stipulate the following word counts:

	AS	A-level
AQA	Approximately 250 words	Approximately 300 words
Edexcel	275–300 words	300–350 words
WJEC	Approximately 300 words	Approximately 400 words
Eduqas	Approximately 250 words	Approximately 300 words

Consider how many words to allocate to each section of your essay. Make sure that you give more words to main points rather than wasting valuable words on minor details.

- Finally, consider how to introduce and conclude your essay, ensuring that you have answered the question set.

A well-planned essay will have an overall broad structure as follows:

- **Introduction**: you should identify the topic without rewriting the essay title. You should state your position on the issue.
- **Body of the essay**: in several paragraphs you should give evidence to support a number of main points.
- **Conclusion**: here you should summarise your ideas and make a final evaluative judgement without introducing new ideas.

Cómo escribir tu ensayo

Estrategia

Now you have to put flesh on the bones of the plan that you have drafted by writing a structured response to the essay question.

- Remember that you are writing for a person who is reading your essay: the content should interest your reader and you should communicate your meaning with clarity and coherence.
- It is important to be rigorous in sticking to your plan and not to get side-tracked into developing an argument or making a point that is not relevant to the specific essay question. Relevance is always a key criterion in the examination mark schemes for essays, so make sure that you keep your focus throughout on the exact terms of the question. Do not be tempted to write all that you know about the work; a 'scattergun' approach is unproductive and gives the impression that you do not understand the title and are hoping that some of your answer 'sticks'.
- It is important to think on your feet when writing an examination essay. If you produce a pre-learned essay in an examination, in the hope that this will fit the title, you will earn little credit, since such essays tend not to match what is required by the title, and give the impression that you do not understand the question.
- If you are completing an AS examination, the question might require you, for example, to examine a character or explain the theme of the work. You will also have a list of bullet points to help you focus on the question. Ensure that you engage with these guidance points, but be aware that they do not in themselves give you a structure for the essay. At A-level you will normally have a statement requiring you to analyse or evaluate an aspect of the work.
- Since examination essays always have a suggested word limit, it is important to answer as concisely as you can. It should always be possible to write a meaningful essay within the allocated number of words.

Estructura

1 Introducción

The introduction gives you the opportunity to show your understanding of the work. It should be a single paragraph which responds concisely to the essay question. In a few sentences you should explain to your reader what you understand the question to mean, identify issues it raises and say how you are going to tackle them. Avoid statements in the target language that equate to 'I am now going to demonstrate ...' or 'This essay is about ...'.

2 Desarrollo

- This part will be divided into a number of interconnected paragraphs, each of which picks up and develops the points raised in your introduction.
- Each paragraph should be introduced with a sentence stating what the paragraph is about.
- Make sure you follow a clear pathway through your paragraphs, leading to your conclusion. This requires skills of organisation, in order to ensure the smooth development of your argument. You should move from one facet of your argument to the next, linking them conceptually by, for example, contrast or comparison.
- Each paragraph will have an internal logic, whereby you examine a separate point, making your argument and supporting it with examples and quotations. For example, your essay title might lead you to examine the pros and cons of a statement, with the argument finely balanced. In this case you can dedicate one paragraph to discussing the pros in detail, another to the cons and a third to giving your decision on which view is the more persuasive and why.

3 Conclusión

Read through what you have written again and then write your conclusion. This should summarise your argument succinctly, referring back to the points you raised in your introduction. If you have planned your essay well, there should be no need to do anything other than show that you have achieved what you set out to do. Do not introduce new ideas or information.

Lenguaje

- Linkage of the paragraphs is both conceptual, i.e. through the development of connected ideas in the body of the essay, and linguistic, i.e. through expressions which link paragraphs, sentences and clauses. These expressions are called connectives and they work in various ways, for example, through:
  - contrast (*sin embargo, por otro lado, por el contrario*)
  - explanation (*es decir, en otras palabras, hay que destacar*)
  - cause/result (*como consecuencia, por lo tanto, debido a esto, por esta razón*)
  - additional information (*además, también, asimismo*)
  - ordering points (*primero, luego, a continuación*)
- When writing your essay, a degree of formality is necessary in your style. Be attentive to the register you use, especially the differences between written and spoken language. Avoid colloquial language and abbreviations.

- It is important to learn key quotations from the work and to introduce them in order to support aspects of your argument. When quoting, however, be careful not to make the quotation a substitute for your argument. Quotations should illustrate your point aptly and not be too long. Resist the temptation to include quotations that you have learned if they are not relevant to the essay question.
- In a foreign language examination, accurate language is always an assessment factor. Review your finished essay carefully for errors of grammar, punctuation and spelling. Check especially verb endings, tenses and moods, and adjective agreements. You should employ a good range of vocabulary and include terminology related to film or literature (e.g. *argumento* (or *trama*), *personaje*, *escena*, *tema*).

For a list of useful connectives and film- and literature-related vocabulary, see pages 70–72.

1 ¿Por qué se llama *Volver,* esta película?

2 Comenta el uso del color rojo en la película.

3 ¿Qué ritos y rituales tiene la gente del pueblo manchego?

4 ¿Hasta qué punto es una película optimista?

5 Da ejemplos del uso de humor en la película.

6 ¿Es Raimunda un personaje femenino creíble en la película?

7 ¿Qué es lo más importante para Agustina en la película?

8 Lee estas dos descripciones de Raimunda y elige la que más te gusta y
   por qué.

   A En *Volver,* Raimunda es ese personaje femenino tan típico en el cine de
      Almodóvar: mujer luchadora, joven, atractiva, pasional, con un carácter
      fuerte pero buen corazón. En este caso, el personaje viene envuelto de un
      halo rural y manchego que la hace más creíble y cercana al espectador.

   B Raimunda es una mujer de sentimientos a flor de piel. Se pasa toda
      la película con los ojos llorosos y esa emoción contenida transporta
      al espectador a una dimensión de vivencias y sentimientos, propia de
      alguien que ha sufrido mucho, que esconde un horrible secreto, pero que
      no mira hacia atrás y encara la vida con positividad.

9 ¿Te esperabas la confesión final de Irene y Raimunda? ¿Por qué es esta
   escena crucial en la película?

10 Define a las mujeres protagonistas de *Volver* con dos adjetivos, y justifica tu
    elección. Puedes ayudarte de la siguiente lista:
    ▼ Raimunda
    ▼ Sole
    ▼ Irene
    ▼ Paula
    ▼ Agustina

temerosa	generosa	callada
graciosa	valiente	pensativa
sufridora	sentimental	moderna
positiva	emotiva	tradicional
fuerte	familiar	altruista
imaginativa	protectora	

11 ¿Es justificable la decisión de Irene de quedarse con Agustina y volver a vivir
    escondida?

12 La historia se repite con Paula de casi el mismo modo como pasó con
    Raimunda en su juventud. ¿Qué significa esta afirmación?

Essay-writing vocabulary

a causa de because of

la acción ocurre en (el pasado/presente/futuro) the action takes place in (the past/present/future)

además furthermore, moreover

además de in addition to

ahora sigamos/continuemos con... let us now continue with...

al contrario on the contrary

al mismo tiempo at the same time

al principio at the beginning

el ambiente (de la ciudad, del barrio, etc.) the atmosphere (of the town, district etc.)

a medida que avanza el relato as the story progresses

analizar to analyse

asimismo likewise

básicamente basically

cabe destacar que... it should be stressed that...

como consecuencia (de) as a result (of)

como punto de partida as a starting point

como señala el director/la directora,... as the director points out/shows,...

con referencia a with reference to

con respecto a in relation to, regarding

de manera semejante in the same way

el desarrollo de la trama development of the plot

el desarrollo lineal linear development

el desenlace denouement, outcome

destaca el personaje (x) character (x) stands out

en cambio on the other hand, instead

en ciertos aspectos in some/certain respects

en/como consecuencia as a result

en estos tiempos these days

en mi opinión, (no) se puede creer que... in my opinion, one can(not) believe that ...

en pocas palabras briefly

en primer/segundo lugar in the first/second place

en realidad in fact, in reality

en resumen to sum up, in a nutshell

en su conjunto on the whole

una escena emocionante an exciting/emotional scene

es decir that is (to say)

es un telón de fondo perfecto it is a perfect backcloth/backdrop

la evolución del personaje the development of the character

hay que tomar en cuenta you have to take into account

hoy en día nowadays

una imagen eficaz an effective image

incluso se puede decir que... you/one can even say...

interpretar to interpret

el/la lector(a) reader

lo cierto es que... the fact/truth is that...

luego then, next

mientras tanto meanwhile

no se puede negar que... it cannot be denied that.../there's no denying...

la película refleja (la realidad de la época, etc.) the film reflects (the reality of the period etc.)

otro ejemplo es... another example is...

para comenzar/terminar to begin/finish

para concluir in conclusion

parece que... it seems that...

pongamos por caso for instance

por el contrario on the contrary

por lo general in general

por lo tanto therefore

por último finally, in the end

por una parte... por otra... on the one hand... on the other...

primero consideremos... first let's consider...

el propósito principal the main purpose

la razón por la que... the reason why...

recrear el período/lugar to recreate the period/place

resulta difícil creer que... it is hard to believe that...

el resumen del argumento plot summary

un retrato del/de la protagonista a portrait of the main character

sea lo que sea, hay que decir que... be that as it may/in any case, you have to say that...

se diferencian mucho en su carácter they are very different in character/temperament

según se ha visto as has been seen

el sentido de lugar sense of place

se podría incluso decir que... you could even say...

se suele afirmar que... it is often said/claimed that...

sin duda without doubt

sobre todo especially

también debemos considerar que... we must also consider that...

el telón de fondo backcloth, background

el tema principal the main theme

tengo la impresión de que... I have the impression that...

tiene un carácter duro/simpático/alegre he/she is a hard/kind/cheerful character

la vida interior de los personajes the characters' inner life

viendo la película, uno se da cuenta de que... watching the film, you realise that...

AS essays

Although a mark is awarded in the examination for use of language (AO3), all the example essays used here are grammatically accurate and the examiner comments focus on the student's ability to critically and analytically respond to the question (AO4).

Question 1

Describe el personaje de Raimunda en la película. Puedes mencionar:
- su faceta de madre
- la Raimunda de pueblo, en La Mancha
- la Raimunda de ciudad, con sus vecinas y negocio

Student A

Raimunda es el personaje central de la película "Volver" y para mí es una mujer con muchos problemas, pero su actitud es siempre positiva y vital. Ella tiene claro que la familia y su hija es lo más importante, y cuando Paula mata a Paco para defenderse del ataque, ella decide mentir para ayudar a su hija. Después de esta muerte y la de su tía Paula, Raimunda tiene mucha fuerza también.

En Madrid, es abierta y simpática y estas características la hacen muy popular entre sus vecinas, quienes siempre la ayudan. Cuando Raimunda decide abrir el restaurante y servir comidas, sus vecinas la ayudan. Cuando Raimunda está en su pueblo natal de Castilla-La Mancha, allí ella es muy feliz, conoce a todo el mundo y se siente en familia. Se lleva muy bien con Agustina y adora a la tía Paula.

El final de la historia la devuelve a su madre, y en ese momento se da cuenta que la necesitaba mucho y que no podía vivir sin ella.

(173 palabras)

Examiner comments

The essay seems to begin with the intention of writing an introduction, but gives way to description very quickly. As a result, the structure of the essay suffers, with Raimunda's role as a mother, and her character in La Mancha and Madrid described without clear distinction.

The candidate appears to have a good knowledge of the film, and there is some good evidence provided, but overall the essay is too short, and arguments are not sufficiently developed. The essay as a whole lacks depth.

The conclusion recounts the ending of the film, instead of referring explicitly to the question and weighing up the evidence amassed during the body of the essay. In summary, this candidate appears capable of a fine answer, but needs to provide a clearer structure and much more detail.

Student A would be likely to receive a mark in the middle band for AO4 for this essay.

Student B

Sin lugar a dudas, Raimunda es la protagonista central de "Volver", y voy a describir la evolución de su carácter complejo a lo largo de la película, como madre, manchega y madrileña.

Esta película habla de la maternidad entre otros muchos temas, y esto le afecta a Raimunda de manera doble: ella es madre, y también hija. Como madre, ella es protectora y no duda en ningún momento en cubrir a su hija y esconder el gran secreto del asesinato de Paco en defensa propia. Recuerdo una de las primeras escenas, cuando Raimunda y Paula suben a casa y encuentran a Paco en el sofá viendo el fútbol y él les cuenta que ya no tiene trabajo. La reacción de Raimunda es la de una madre fuerte que lucha por la unidad familiar, porque decide que buscará otro trabajo para los fines de semana y que dejará de pagar por la televisión digital. Al contrario, veo a Raimunda más vulnerable como hija, ya que ella cree en la mentira de que su padre y su madre se querían mucho.

Raimunda en La Mancha es la que lleva el mando, la que decide a quién visitar y la que tiene menos vergüenza. Piensa mucho en su tía y le promete que se la llevará a Madrid a vivir porque la ve muy sola. Al contrario, Sole es mucho más tímida, y en su visita a casa de la tía Paula ella le dice varias veces que quiere irse pronto. Parece que en La Mancha, vemos la verdadera Raimunda.

Por otra parte, en Madrid, Raimunda trabaja arduamente, limpiando en el aeropuerto, un trabajo que no le reporta nada más que dinero. Aquí, ha perdido su identidad, no hay ninguna satisfacción personal. Justo al morir Paco y la tía Paula, cuando ella está más triste y llena de problemas, parece que la vida le da una segunda oportunidad. Decide quedarse con el restaurante de un vecino, y empieza a organizar todo. Parece cada vez más dinámica. En Madrid, vemos que Raimunda es una mujer de mucho carácter, gran personalidad y que se relaciona fácilmente con los demás; prueba de ello es la gran amistad y solidaridad que despierta entre sus vecinas, que siempre la ayudan.

En conclusión, Raimunda es una mujer trabajadora y muy luchadora que renace en la película y encuentra su sitio después de muchas tragedias en su vida. Además, redescubre su papel de hija, y se reconcilia con su madre después de entender totalmente su drama de la adolescencia.

(419 palabras)

Examiner comments

The introduction is brief but directly and articulately refers to all aspects of the question.

The candidate uses the adjectives 'protectora', and 'fuerte' to describe Raimunda as a mother, and gives clear, relevant examples to justify this. The discussion of her role as mother is also contrasted effectively with her being an innocent daughter. Knowledge of the film is very good.

The essay maintains a clear structure by logically moving on to a description of Raimunda as a woman of La Mancha. The observation that it is in her home town where she shows her true character is impressive, though there could certainly be greater detail and more development of the argument.

The description of Raimunda in Madrid is more comprehensive, mentioning her transition from cleaner of a characterless airport terminal, to a dynamic, resourceful woman, running a restaurant. It leads to a fine conclusion which brings together the different aspects of her character.

Student B would be likely to receive a mark in the top band for AO4 for this essay.

Question 2

Describe las diferencias y similitudes entre las hermanas Sole y Raimunda.
Puedes mencionar:
- la relación entre ellas
- la relación con su madre
- la vida en Madrid

Student A

En "Volver" las hermanas Sole y Raimunda están en el centro de toda la acción.

Soledad es una mujer tímida y con una vida social mucho menos intensa que la de su hermana. Su marido la abandonó hace años y ahora no sale mucho de su casa y trabaja en su propia peluquería ilegal. En cambio, su hermana Raimunda es muy diferente a ella. Ella es más exuberante y su presencia se hace notar mucho más que la de su hermana. Raimunda es madre, y para ella es lo más importante.

Sole acepta a su madre cuando aparece en el maletero de su coche, algo que Raimunda no hace con tanta facilidad. El carácter callado de Sole la hace aceptar a su madre nuevamente sin problema.

Raimunda, tras la muerte de su tía y Paco, no está triste, y toma fuerza para empezar nuevamente. Su hermana Sole está con ella, pero no es parte activa de su cambio, Raimunda lo hace ella sola. Ella decide abrir el restaurante, ella cocina y ella es la que esconde el cuerpo de Paco.

Se puede decir que Raiumunda es mucho más independiente que su hermana. La infancia de Sole no fue tan difícil como la de su hermana.

Me gustó especialmente el final de la película cuando las dos hermanas aparecen unidas en la casa del pueblo.

(224 palabras)

Examiner comments

The introduction to this essay starts promisingly, but it unfortunately stops short of referring to the question, and as such, lacks direction.

The character descriptions of Sole and Raimunda are impressive, and there is some solid, well-articulated evidence provided to justify these descriptions. The breadth of the argument is at times insufficient, for example there is no explicit mention of Madrid. The candidate would benefit from following the bullet points provided.

There are some intriguing statements, such as the observation that Sole's personality has been shaped by having an easier childhood than Raimunda, but evidence is not sufficiently presented. Similarly, the opinion provided in the conclusion requires further development.

There is lots of potential, but technique needs some refinement.

Student A would be likely to receive a mark in the middle band for AO4 for this essay.

Student B

Sole y Raimunda son dos de las protagonistas principales de "Volver", y aunque son hermanas, está claro que no reaccionan de la misma manera todo el tiempo. Voy a describir sus relaciones durante la película.

Parece que las dos hermanas han tenido problemas con los hombres. Sole está separada de su marido, que le abandonó hace años, y Raimunda no es muy feliz con Paco, un hombre perezoso, egoísta y lujurioso. La unión entre las hermanas se hizo más fuerte tras la supuesta muerte de su madre, y las dos junto con la hija de Raimunda, Paula, van con frecuencia a su pueblo natal manchego. Las hermanas se llevan bien; a veces se ríen, a veces se pelean, pero es evidente que hay un verdadero lazo entre las dos.

Raimunda se distanció de su madre por un secreto horrible que sale a la luz al final de la película. Por eso Irene decide instalarse con Sole y presentarse a ella primero. Sole, que como su nombre indica, estaba muy sola, acepta a su madre sin cuestión, y aunque no tiene claro si es una aparición, un fantasma o una visita real, está encantada con tener a su madre en su vida de nuevo. Raimunda es más reacia a aceptarlo, y muestra su incredulidad hacia el más allá continuamente. Primero, no va al entierro de su tía, y cuando Agustina está en Madrid y le pide que si ve a su madre como fantasma le pregunte sobre el paradero de la suya, ella se enfada y piensa que es una locura.

En Madrid, la vida es dura para las hermanas. Raimunda limpia el aeropuerto durante el día, Sole tiene una peluquería ilegal, y parece que las dos ganan una miseria. Sole es mucho menos social que su hermana. Raimunda, que no duda en empezar de nuevo con el restaurante del barrio, tiene una personalidad arrolladora y las vecinas del barrio la conocen y están de su lado. Mientras que Sole juzga mucho menos las situaciones que vive y simplemente se deja llevar, su hermana es mucho más sensata y cuestiona todo lo que le pasa.

(354 palabras)

Examiner comments

This essay impressively compares and contrasts the two sisters. The introduction clearly sets out the candidate's intentions, and the overall structure and length of the essay is appropriate.

Throughout the essay, certain points of reference are used to debate the characters of Raimunda and Sole: their suffering at the hands of men; their reaction to their mother's return; and their respective lives in Madrid. This style means the candidate can repeatedly develop arguments and justify points of view.

The essay would benefit from a conclusion that decided how similar the sisters are, but importantly, the candidate has looked at both aspects of the question — differences and similarities — in reasonable depth and with fine knowledge.

Student B would be likely to receive a mark in the top band for AO4 for this essay.

A-level essays

Although a mark is awarded in the examination for use of language (AO3), all the example essays used here are grammatically accurate and the examiner comments focus on the student's ability to critically and analytically respond to the question (AO4).

Question 1

Analiza el papel de la muerte en *Volver*, y cómo se desarrolla a lo largo de la película.

Student A

En "Volver", el tema de la muerte es muy importante. Durante toda la película Almodóvar juega a la confusión sobre si Irene está realmente muerta y es un fantasma o no. Sole tiene que esconder a su madre, incluso les cuenta a sus clientas que es una inmigrante rusa.

Un momento muy singular en la película es el funeral manchego de la tía Paula, al cual Soledad tiene que asistir sin su hermana. Allí, Soledad entra en contacto con el mundo de las supersticiones de la gente mayor, y tiene que escuchar historias de muertos que se aparecen como espíritus y se comunican con sus familiares.

La muerte de Paco es una muerte muy diferente a la de la tía Paula. Es una muerte más física y violenta, con sangre, al contrario que la muerte de la tía, que es más espiritual. Justo después Raimunda decide quedarse con el restaurante de su vecino y empieza una nueva vida que la devuelve a la vida, a sonreír y a ser feliz.

En conclusión, la muerte en "Volver" está presente en toda la película, pero no es algo malo. Ya sea la muerte de la anciana tía o de Paco, ambas muertes traen cambios y cosas buenas. Por una parte, una madre que vuelve para estar con sus hijas y por otro, una oportunidad de volver a empezar.

(226 palabras)

Examiner comments

On the one hand, this essay displays a good understanding of *Volver* and answers the question with focus and clarity. Different aspects of death are analysed, including those most pivotal to our understanding of the film. It is evident that the candidate has a good knowledge of the film.

The essay itself is too brief, though the main barrier to attaining the top band of marks is a lack of depth of analysis. Many of the sentences are observational, rather than analytical. When discussing Aunt Paula's funeral, the candidate could mention the director's techniques, and the appearance and behaviour of the women in attendance. Similarly, there is no mention of the death of Raimunda's father, the cleaning of the tombs in the opening scene or any number of other references to death.

Student A would be likely to receive a mark in the middle band for AO4 for this essay.

Student B

"Volver" es una película que habla de muchos temas, y uno de ellos es el de la muerte. En la película asistimos a varias muertes como espectadores: casi simultáneamente, por una parte Paco y la tía Paula abandonan la acción al principio de la película y estas dos muertes cambiarán el rumbo de los personajes. Por otro lado, la supuesta muerte de Irene y su marido es parte central del argumento también.

El asesinato de Paco por parte de Paula, que cree matar a su propio padre en un primer momento en defensa propia, deja a Raimunda sin palabras, pero inmediatamente decide encubrir a su hija e autoinculparse del crimen. Raimunda limpia la sangre y esconde el cuerpo con una tranquilidad enorme. La muerte de Paco es casi como una liberación, todo lo contrario que la muerte de su tía, que la entristece profundamente.

Soledad tiene que volver a su pueblo sola al entierro de su tía, algo que le da mucho miedo porque no quiere ver a su tía muerta. Agustina, mucho más en contacto con la cultura de los entierros y los funerales, se encarga de todo. En las escenas del velatorio y entierro de la tía Paula, el espectador entra en contacto con las tradiciones del pueblo manchego. Allí, las mujeres y los hombres visitan la casa de la difunta, pero se reúnen en habitaciones separadas. Las mujeres, vestidas de negro, rezan y recuerdan a la muerta, y cuando llega Sole, se abalanzan sobre ella para darle un beso.

Agustina después no duda en contarle la historia de la aparición de su abuelo, y le recuerda a Sole que "esas cosas pasan" y que es muy normal. Almodóvar muestra la normalidad que la gente de su tierra le da a la muerte, y la creencia de que no se mueren del todo y están con nosotros. Precisamente, la película comienza en un cementerio donde muchas mujeres limpian y cuidan de las tumbas de sus muertos, incluso Agustina va a limpiar la suya propia, que ya ha comprado para cuando muera.

A lo largo de la película y después de la aparición de Irene, podemos ver cómo en las conversaciones con su hija Sole nunca queda claro del todo si ella es realmente un fantasma o está viva. Esta dualidad entre los dos mundos de Irene se mantiene hasta el final, cuando se reúne con su hija Raimunda y ella misma le pregunta si es un fantasma o no. La propia Irene decide "volver al mundo de los muertos" al final de la película y se queda a cuidar a Agustina, que la acepta como fantasma sin problema, porque está muy sola en casa y enferma.

Creo que el tema de la muerte en la película es esencial, pero desde un punto de vista positivo, al que no hay que tenerle miedo.

(473 palabras)

Examiner comments

Although longer than recommended, this essay has lots of highly relevant points within a coherent structure, avoiding repetition and using very articulate language. Reactions to death are well explained, and the role of death in social conventions and Machegan culture is well observed.

Some use of cinematic terminology and quotes would be beneficial, for example when discussing the funeral of Aunt Paula, but overall, views are consistently supported by relevant and appropriate evidence, and in particular, the essay demonstrates excellent evaluation of the theme of death from a variety of angles.

Student B would be likely to receive a mark in the top band for AO4 for this essay.

Question 2

En tu opinión, ¿cuál es el tema más importante de *Volver*? Explícalo con ejemplos.

Student A

"Volver" habla de muchos temas. Es una película femenina que cuenta una historia familiar de madres e hijas. Creo que la familia y la maternidad es el tema más importante en "Volver".

Raimunda, el personaje central, es a la vez madre e hija. Como hija, se distanció de su madre hace muchos años, y el espectador por fin conoce la razón de esto al final de la película. Irene y su hija Raimunda tienen algo extraño en común: quieren proteger a su familia, y las dos han estado muy cerca de la muerte de sus maridos.

Irene vuelve y se instala con su hija Sole, quien casi no la cuestiona como fantasma o muerta. La unión entre madre e hija vuelve a hacerse muy fuerte, incluso la primera noche. Irene duerme en casa de Sole, ella la visita y se mete en la cama a dormir con ella, como una niña pequeña.

Raimunda es una madre protectora que esconde el secreto del asesinato de Paco y cuida de Paula. Para ella, su hija es muy importante y prefiere inventar la idea de que ella mató a Paco para que Paula no tenga ningún problema en el futuro.

Agustina también tiene a su madre muy presente: ella desapareció hace varios años y Agustina está obsesionada con saber dónde está. Incluso cuando está enferma en el hospital, ella le pide a Raimunda que si ve a su madre como una aparición le pregunte dónde está.

El vínculo maternal une a la mayoría de los personajes de "Volver", que gracias a la vuelta de Irene vuelven a juntarse como familia más fuerte, incluyendo a Agustina, a quien Irene decide cuidar como una hija más.

(281 palabras)

Examiner comments

This essay starts well, with an appropriate theme chosen following a clear introduction. The comparison between Raimunda and Irene is an important one with regard to the theme of motherhood, though the candidate could provide a more detailed analysis of this point.

There are a number of fine observations, such as Sole and Irene sharing the same bed. The third and fourth paragraphs slightly lapse into recounting the story, without always clearly linking these episodes to the chosen theme.

The conclusion is effective, mentioning the bonds the women have, and their obligation as mothers. Overall, the essay would benefit from more explicit references to the theme and greater detail to back up the points made through specific examples.

Student A would be likely to receive a mark in the middle band for AO4 for this essay.

Student B

Esta película habla de muchas cosas, entre las que podría nombrar la muerte, las tradiciones manchegas, el día a día, la solidaridad y la familia, pero creo que el tema más importante es precisamente el título de la película: volver.

Hay muchas vueltas en "Volver". Para empezar, Sole y Raimunda vuelven a su pueblo, no solo como de costumbre cada año a limpiar la lápida de su madre y visitar a su tía de vez en cuando, sino a reencontrarse con su vecina Agustina y redescubrir sus raíces.

Irene, un personaje central en la película, vuelve a la vida. Vuelve para reencontrarse con sus hijas, para hablar, para acompañarlas y para volver a formar una familia.

Raimunda, la heroína de la película, toma la segunda oportunidad que le da la vida después de la muerte de Paco como una vuelta a la vida. Ella no era feliz en su matrimonio y en su trabajo en el aeropuerto. Después del asesinato, Raimunda da un giro a su vida y con un trabajo nuevo, vuelve a ilusionarse y a sonreír. Su vitalidad y energía es admirable, y realmente renace después de la tragedia.

Soledad, que vivía sola en su casa, separada de su marido, vuelve a no estar sola y la vida también parece que le sonríe de nuevo con la visita de su madre. Gracias a Irene las hermanas acaban más unidas que nunca y son inseparables.

De manera irónica, Irene, al final de la película, también vuelve al mundo de los muertos y decide quedarse a vivir con Agustina y cuidarla.

Para el director hay una vuelta también. Almodóvar declaró: "He vuelto, un poco más, a la comedia. He vuelto al universo femenino, a La Mancha." En la escena de apertura de la película, el movimiento de la cámara va de derecha a izquierda en lugar de ir de izquierda a derecha, para representar la idea de volver. No cabe duda de que el tema de volver es clave en esta película.

(332 palabras)

Examiner comments

This is a challenging essay title, and the candidate gives a thorough analysis of the meaning of *volver* in this context. Its significance for the main characters is successfully described, with examples and a range of other appropriate evidence.

Although quotes are not essential, the one used in the final paragraph very effectively illustrates the multiple interpretations of 'returning' for the director, and there is even mention of a cinematic technique that further bolsters this point.

Knowledge of the film is accurate, detailed with a fine overall evaluation of the title.

Student B would be likely to receive a mark in the top band for AO4 for this essay.

In order to be able to recall essential aspects of the film, it is advisable for you to focus on quotations. You do not necessarily need to learn them by heart, but it is important to recall and even paraphrase them when you write about the novel.

The following are the top 10 quotations from the film *Volver.*

1
Soledad: Habla de nuestra madre como si todavía no hubiera muerto.
Agustina: Es que para ella no ha muerto, no se hace a la idea.

▼ Muy al principio de la película, Raimunda, Sole y Paula visitan a su vecina de toda la vida, Agustina, que vive enfrente de la tía Paula. Hablan de cómo la tía está muy mayor y torpe, y continúa hablando sobre Irene, la madre de las chicas, en presente, como si estuviera viva. Agustina, muy creyente de que los fantasmas existen y que los muertos se aparecen, les responde diciendo, con toda normalidad, que para tía Paula, Irene aún está viva, lo que es verdad, sin saberlo nadie.

▼ En este momento el espectador entra en contacto con la superstición de los pueblos, con la idea de que los muertos no están muertos del todo y que conviven con nosotros. Ya desde el primer minuto de la película, que comienza en un cementerio, el espectador se adentra en las tradiciones que tienen que ver con el culto a la muerte y el respeto por los que murieron.

2
Raimunda: Es el viento, el maldito viento solano, que saca a todo el mundo de quicio.

▼ Ya de vuelta a Madrid, con las turbinas eólicas de fondo, que representan la entrada y salida a La Mancha desde Madrid, Raimunda culpa al viento solano de la falta de cordura de los habitantes del pueblo. Castilla-La Mancha, esa región inmensa del centro de España, es recorrida por vendavales a lo largo del año, que cogen fuerza debido a la falta de montañas. Este viento es protagonista silencioso de la película. Lo vemos al principio, en la escena inicial del cementerio, en las visitas al pueblo y al final de la película, cuando la fuerza del viento arrastra unos contenedores de basura por mitad de la calle.

▼ Es este mismo viento el causante también de incendios en la zona, un tema presente en la película y usado como excusa de la muerte de Irene y su marido casi hasta el final, cuando la verdadera historia sale a la luz.

3
Paula: …se desabrochó el pantalón, diciendo siempre que aquello no era malo, y que él no era mi padre…

▼ Este es el momento más álgido en la película de Paula, la hija de Raimunda. Si bien la adolescente es testigo de toda la acción de la película, es en este momento donde su monólogo lleno de emoción se convierte en una confesión desgarradora de lo que acaba de ocurrir. Paula cuenta a su madre que Paco intentó abusar de ella, y la forzó varias veces hasta que la chica, en defensa propia, se defendió hiriéndolo de muerte. Casi sin pestañear, Raimunda decide coger el timón de la situación y se hace cargo de todo. Más tarde, descubrimos que la historia se ha repetido, porque el padre de Raimunda abusó de ella siendo adolescente.

- Además, a partir de este momento muchas otras cosas comienzan a sucederse sin descanso: la muerte de la tía Paula, su entierro, Raimunda y su nuevo trabajo en el restaurante, la vuelta de Irene "a la vida" y la rareza más pura al intentar esconder el cuerpo sin vida de Paco en un arcón frigorífico.

Raimunda: Tengo que hacer comida para 30.
Vecina: ¡Anda! ¿Quién te viene?
Raimunda: Una historia muy larga, ya te contaré…

4

- En este momento la película nos muestra un lado poco conocido de Madrid, la gran ciudad. En Vallecas, un barrio humilde donde muchas familias españolas procedentes de otras partes de España conviven con inmigrantes, la solidaridad entre vecinos está a la orden del día. Después de que Raimunda haya decidido preparar la comida para un equipo de filmación que trabaja en la zona, se va sin pensarlo al mercado a comprar comida para su menú. Además, en su vuelta a casa se encuentra con varias vecinas: con una prostituta cubana a la que le pide que le venda el jamón que había comprado, hasta a otra a la que pertenece este fragmento. Raimunda pide que le venda los productos que se acaba de traer de su pueblo: morcillas, chorizos y mantecados, unos dulces típicos de hojaldre. En este instante nos damos cuenta de que el barrio está lleno de mujeres como Raimunda, que van a sus pueblos de origen a visitar a su familia y vuelven con comida de sus pueblos. En este caso, la vecina no duda ni un segundo y acepta ayudarla de buen gusto.

Sole: Mi madre ha muerto, de ser, serás su fantasma, o su espíritu.
Irene: Soy lo que tú quieras pero sácame de aquí. Estoy en el maletero de tu coche.

5

- En esta escena clave de la película, es la primera vez que Irene se hace presente. La tía Paula ya la mencionó anteriormente con toda normalidad, a lo que las chicas pensaban que debido a su avanzada edad ella creía ver como un fantasma. Al llegar a Madrid, Irene, que ha viajado todo el tiempo en el maletero del coche, intenta salir. Sole le responde, aun sin haberla visto, que no puede ser su madre, será su fantasma. Fantasma, aparición o no, no duda en llevar a su madre a su casa. Sin dar demasiadas explicaciones, Irene vuelve a la vida de su hija.

6

Raimunda: ¿Qué hace aquí esta bata?
Sole: Es de mamá.
Raimunda: Ya lo sé.

En una visita de Raimunda y Paula a casa de Sole, después de ir al baño y siguiendo un olor característico de su madre, Raimunda llega hasta el dormitorio donde encuentra la ropa de su madre sobre la cama. Ella, muy sorprendida, le dice a su hermana que esa ropa pertenece a su madre, y seguidamente abre el armario para descubrir el resto de batas de Irene y la maleta de la tía Paula, con sus pertenencias. Raimunda, una mujer de carácter, no reacciona bien. Interpreta que Sole robó la maleta sin decírselo, y decide marcharse de la casa dejando a su hermana triste. La madre permanece escondida debajo de la cama. Vemos cómo Raimunda, al entrar en contacto con el mundo de su madre y su tía, reacciona con desapego, como queriendo olvidarlo, e incluso recrimina a su hermana que la ropa de los muertos se regala, pero no se guarda en casa. Raimunda no sospecha que su madre está a milímetros de ella en la habitación, y que toda esa ropa está allí porque ella la necesita.

7

Soledad: ¡Cuánto tiempo que no te oía cantar!
Paula: Pues yo no la he oído cantar nunca […]
Raimunda: ¿Y te gustaría, hija mía?

Esta pequeña conversación da lugar a una de las escenas más memorables de la película. Como ya habían mencionado anteriormente, Raimunda solía cantar muy bien de niña y su madre le enseñó una canción en particular para llevarla a concursos locales de la zona. Su hija se sorprende mucho cuando oye a su madre entonar la canción, y sin pensárselo, Raimunda se atreve a acercarse al cuadro flamenco que se preparaba para la actuación. Pide cantar un fragmento de *Volver*, la canción que da título a la película, un tango original cantado por Carlos Gardel que se convierte en flamenco mediante la voz de la cantautora Estrella Morente. Sin saberlo, su propia madre la mira y la escucha escondida en la distancia, y mientras Raimunda canta con toda su emoción, Irene llora desconsolada, ya que esta canción es todo un vínculo entre ellas. Es un momento álgido en la película, lleno de emoción y verdad. Explica al espectador el significado de *Volver*, título de la película, volver a la vida, renacer y volver a empezar.

8

Paula: ¿Por qué te apareces abuela?
Irene: Porque me sentía muy sola.

La película mezcla realismo, surrealismo, tragedia y comedia. En este momento, Paula comparte un momento de intimidad con su abuela, sentadas en la cama. Mientras la chica examina una muñeca antigua, le pregunta a su abuela por qué se aparece, volviendo a recordar al espectador que puede que Irene sea un fantasma. La idea de que Irene sea realmente un fantasma está presente en toda la película, y mantiene en duda al espectador hasta una de las escenas finales, cuando Irene y Raimunda tienen una conversación a corazón abierto. Tanto Sole como Paula aceptan a Irene tal cual, sin cuestionarla y felices de tenerla en sus vidas, pero las supersticiones manchegas de toda la vida les hacen dudar de si es real o no.

Agustina: … de eso prefiero no hablar…
Presentadora TV: Ya, pero es que tú has venido aquí al programa a hablar de esa señora y de tu madre […] Agustina tiene cáncer. Pero no debes estar nerviosa, que estás entre amigos. Venga, ¡un fuerte aplauso para Agustina!

9

◤ La maravillosa vecina del pueblo, Agustina, está enferma con cáncer, por lo que viaja del pueblo a Madrid, donde están los grandes hospitales que la pueden tratar. Allí, pide a Raimunda que si apareciese el fantasma de su madre Irene, le pregunte por la suya, lo que sorprende mucho a Raimunda. Agustina acaba yendo a un programa de televisión en el que colabora su hermana. En este programa, tan típico en ese momento en España, la presentadora, sin escrúpulos, entrevista a Agustina para que cuente su historia con pelos y señales, mientras el público se ríe de ella al decir que su madre era una hippie. No solo con eso, la presentadora ahonda aún más en la vida privada de Agustina y le pide que cuente su historia porque además tiene cáncer y podrían mandarla a Houston, donde podrían curarla. Esta misma escena les será muy familiar a muchos espectadores de España, ya que muchas situaciones similares han sido retrasmitidas por la televisión en directo. Aquí Almodóvar nos acerca al circo de la "telebasura" tan presente en la televisión contemporánea española.

Raimunda: ¿Pero no estabas muerta?
Irene: He vuelto para pedirte perdón. Yo no sabía nada, hija mía. Ni me lo podía imaginar.

10

◤ Aquí Raimunda, por fín, se encuentra cara a cara con su madre. La escena está llena de emoción y dramatismo, cuando las dos mujeres se miran cara a cara por primera vez después de años, y Raimunda, sin creérselo, tiene a su madre otra vez cerca. Ella rompe la tensión del momento al abandonar la casa entre lágrimas, pero decide volver minutos más tarde. El hecho de ver a una hija preguntarle a su propia madre que si estaba muerta o no llena este momento llamativo de cierto humor.